CATALOGUE

DE LA

Bibliothèque Populaire

de Sens

SENS

SOCIÉTÉ GÉNÉRALE D'IMPRIMERIE ET D'ÉDITION

1, RUE DE LA BERTAUCHE, 1

1928

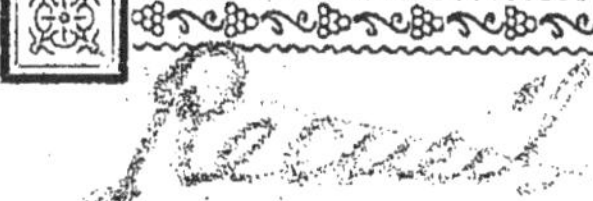

CATALOGUE

DE LA

Bibliothèque Populaire

de Sens

SENS

SOCIÉTÉ GÉNÉRALE D'IMPRIMERIE ET D'ÉDITION

1, RUE DE LA BERTAUCHE, 1

1927

A

Nos d'ordre			Série
4178	ALANIC (Mathilde)	Les Espérances	2
4183	—	La Romance de Joconde	2
4184	—	La Gloire de Fonteclaire	2
4185	—	Le Devoir d'un Fils	2
4256	—	La Fille de la Sirène	2
4412	—	La Petite Miette	2
4434	—	Au Soleil couchant	2
4515	—	Les Roses refleurissent	2
4555	—	Ma Cousine Nicole, 3 vol.	2
4590	—	Le Sachet de Lavande	2
4622	—	Monette	2
4643	—	L'Aube du cœur	2
504	—	Monette	3
3443	ALARCON	Le Prodigue	2
150	ALAUX	La République	1
3862	ALBANE	L'Expérience d'Aimer	2
4000	—	L'Age de Raison	2
3828	ALBERT	La Littérature française	2
1775	ALBERTIS	Nouvelle-Guinée	2
472	ALBOISE ET MAQUET	Prisons de l'Europe, 4 vol.	4
325	ALBY	Les Prisonniers en Afrique	2
28	ALEMBERT	Discours de l'Encyclopédie	1
1740	ALEXANDER	Epousera-t-il ? 2 vol.	2
2269	—	Autour d'un Héritage, 2 vol.	2
3351	—	Le Choix de Mona	2
3689	—	Aveugle destin	2
187	ALEXANDRE	L'Homme de Metz	3
187bis	—	— —	2
3392	ALHIX	Mirage d'Or	2
2630	—	Les Commanches de la Loire	2
24	ALFIÉRI	De la Tyrannie	1
1780	ALLARD	Les Vies muettes	2
2163	—	Maison de Famille	2
3456	AMAUDRU	L'Homme aux Lunettes d'or	2
356	—	— — —	4
478	AMBERT	Récits militaires, 2 vol.	3
336	AMÉRO	Sans Nom	2
337	—	La Lutte pour la vie	2
2008	—	Le Coq rouge	2
290	—	L'Océan Atlantique	4
370	—	Tour du monde d'un petit Parisien	4
1701	AMEZEUIL	Amours de Contrebande	2
2538	AMICIS	Cuore	2
304	ANCELOT	Une Famille Parisienne au xixe siècle	2
305	—	Antonia Vernon	2
306	—	La Fortune mystérieuse	2
4596	ANDERSEN	Histoire de Valdemar Daae	2
4597	ANNUNZIO	Le Feu	2
169	ANQUETIL	Précis de l'Histoire universelle, 8 vol.	3
170	—	Histoire de France, 3 vol.	3
170	—	— —	4
1281	ANQUEZ	— —	2

B

Nos d'ordre			Série
536	BALZAC.	Scènes de la vie parisienne	3
537	—	— — —	3
531	—	Scènes de la vie parisienne et politique.	3
532	—	Scènes de la vie militaire	3
533	—	Etudes philosophiques.	3
534	—	—	3
538	—	Théâtre.	3
45	—	Cabinet des Antiques	4
146	—	La Muse du département	4
320	—	Scènes de la vie privée	4
34	BANCEL.	Les Mystères.	1
2611	BANVILLE (T. DE)	Les belles Poupées	2
416	BARAIL.	Mes Souvenirs, 3 vol.	3
3966	BARANDE.	Fatale méprise	2
3695	BARBARA.	Histoires émouvantes	2
140	BARBOU.	Gambetta.	1
227	BARBOU.	Vie de Victor Hugo	4
4482	BARBUSSE (H.).	Le Feu.	2
4673	BARCLAY.	Le Rosaire.	2
4725	—	L'Amour au bout du fil	2
2519	BARDOUX.	Etudes d'un autre temps.	2
1685	BARILLON.	Peaux-Rouges, 2 vol.	2
211	BARNI.	Les Martyrs de la Libre-pensée	2
212	—	Les Bienfaiteurs de l'Humanité	2
41	—	Morale de la Démocratie	3
1482	BARON.	Paupérisme.	2
432	BAROT.	Madame la Présidente.	2
1970	BAROT (O.).	Le Roman d'un Poète, 2 vol.	2
2544	—	L'Ortie.	2
2652	—	Usuriers de Paris.	2
2172	BARRACAND.	La Cousine.	2
2466	—	Un Monstre	2
3702	—	Le Roman nuptial.	2
4161	—	Amour oblige.	2
4181	—	Cheval blanc	2
163bis	BARRAU (Th.).	La Femme et l'Education	2
363	—	Amour filial.	2
1486	—	La Patrie.	2
1526	—	Conseils aux Ouvriers.	2
1620	—	Simples notions sur l'Agriculture	2
4243	BARRÈS.	Colette Baudoche	2
4564	—	Un Jardin sur l'Oronte.	2
4595	—	Le Jardin de Bérénice.	2
500	—	Le Jardin de Bérénice.	3
485	BARRET	Les Noirs.	3
96	BARTHÉLEMY	Voyage du jeune Anacharsis, 6 vol.	1
2992	—	Médecin des enfants	2
119bis	BASTIAT	Ce qu'on voit et ce qu'on ne voit pas.	1
118	—	Œuvres. 7 vol.	2
102	BASTIDE	Luttes religieuses.	1
3986	BATAILLE.	La conquête de Lucy	2
3776	BAUDIN.	Force perdue.	2

<table>
<tr><td>Nos
d'ordre</td><td></td><td></td><td>Série</td></tr>
<tr><td>3122</td><td>Bauer</td><td>Mémoires d'un jeune homme.</td><td>2</td></tr>
<tr><td>4280</td><td>Baulieu (Mme de).</td><td>Le Robinson de 12 ans</td><td>2</td></tr>
<tr><td>4244</td><td>Baumann.</td><td>L'Immolé.</td><td>2</td></tr>
<tr><td>4356</td><td>—</td><td>La Fosse aux lions</td><td>2</td></tr>
<tr><td>3434</td><td>Baumont.</td><td>Pupille du Doyen.</td><td>2</td></tr>
<tr><td>437</td><td>Beauquenne</td><td>La Belle Madame Le Vassart.</td><td>2</td></tr>
<tr><td>1714</td><td>Bauquenne (Alain).</td><td>La Maréchale</td><td>2</td></tr>
<tr><td>371</td><td>Bawr (Mme de).</td><td>Robertine</td><td>2</td></tr>
<tr><td>2461</td><td>Bazin (René).</td><td>Une tache d'encre.</td><td>2</td></tr>
<tr><td>3125</td><td>—</td><td>Stéphanette</td><td>2</td></tr>
<tr><td>3367</td><td>—</td><td>Croquis de France et d'Orient.</td><td>2</td></tr>
<tr><td>3406</td><td>—</td><td>Contes de bonne Perrette.</td><td>2</td></tr>
<tr><td>3854</td><td>—</td><td>Les Noëllet</td><td>2</td></tr>
<tr><td>3896</td><td>—</td><td>L'Isolée.</td><td>2</td></tr>
<tr><td>3934</td><td>—</td><td>La Terre qui meurt</td><td>2</td></tr>
<tr><td>3947</td><td>—</td><td>Madame Corentine</td><td>2</td></tr>
<tr><td>3996</td><td>—</td><td>Les Oberlé</td><td>2</td></tr>
<tr><td>4513</td><td>—</td><td>Les nouveaux Oberlé.</td><td>2</td></tr>
<tr><td>4127</td><td>—</td><td>Donatienne</td><td>2</td></tr>
<tr><td>4129</td><td>—</td><td>Le Blé qui lève</td><td>2</td></tr>
<tr><td>4176</td><td>—</td><td>Mémoires d'une vieille fille.</td><td>2</td></tr>
<tr><td>4199</td><td>—</td><td>De toute son âme</td><td>2</td></tr>
<tr><td>4382</td><td>—</td><td>Davidée Birot.</td><td>2</td></tr>
<tr><td>4460</td><td>—</td><td>Récits du temps de guerre.</td><td>2</td></tr>
<tr><td>4489</td><td>—</td><td>La Closerie de Champdolent</td><td>2</td></tr>
<tr><td>4544</td><td>—</td><td>La Sarcelle bleue</td><td>2</td></tr>
<tr><td>4553</td><td>—</td><td>L'Enseigne de Vaisseau Paul Henry.</td><td>2</td></tr>
<tr><td>4570</td><td>—</td><td>Charles de Foucauld.</td><td>2</td></tr>
<tr><td>4572</td><td>—</td><td>Ils étaient 4 petits enfants.</td><td>2</td></tr>
<tr><td>4598</td><td>—</td><td>La Barrière.</td><td>2</td></tr>
<tr><td>551</td><td>—</td><td>Donatienne.</td><td>3</td></tr>
<tr><td>1884</td><td>Beaconsfield</td><td>Endymion. 2 vol.</td><td>2</td></tr>
<tr><td>439</td><td>Beau.</td><td>Les Etourdies, mœurs parisiennes</td><td>2</td></tr>
<tr><td>1570</td><td>Beauchamp</td><td>Biographie des jeunes gens, 3 vol.</td><td>2</td></tr>
<tr><td>30</td><td>Beaufrand</td><td>Bibliographie des Grands inventeurs.</td><td>3</td></tr>
<tr><td>43</td><td>Beaumarchais.</td><td>Mémoires de Beaumarchais, 1 et 3 vol.</td><td>1</td></tr>
<tr><td>67</td><td>—</td><td>Théâtre de Beaumarchais</td><td>1</td></tr>
<tr><td>484</td><td>—</td><td>Théâtre.</td><td>3</td></tr>
<tr><td>1524</td><td>Beaumarié</td><td>Le Chien</td><td>2</td></tr>
<tr><td>3200</td><td>Beaume.</td><td>Les Quissera.</td><td>2</td></tr>
<tr><td>3539</td><td>—</td><td>Rosière et moi.</td><td>2</td></tr>
<tr><td>3831</td><td>Baumont</td><td>Gringalette</td><td>2</td></tr>
<tr><td>4051</td><td>—</td><td>Parpailhol.</td><td>2</td></tr>
<tr><td>511</td><td>Beauregard.</td><td>Economie politique.</td><td>3</td></tr>
<tr><td>428</td><td>Beaurepaire</td><td>Le Roman d'un Officier de fortune.</td><td>2</td></tr>
<tr><td>2756</td><td>Beaurepaire (Csse de)</td><td>Une famille moderne</td><td>2</td></tr>
<tr><td>1698</td><td>Beauvoir (Roger de).</td><td>Le Chevalier de St-Georges</td><td>2</td></tr>
<tr><td>2207</td><td>—</td><td>Histoires cavalières</td><td>2</td></tr>
<tr><td>2599</td><td>—</td><td>Le Moulin d'Eilly.</td><td>2</td></tr>
<tr><td>2831</td><td>—</td><td>Le Chevalier de Charny</td><td>2</td></tr>
<tr><td>4077</td><td>—</td><td>Mademoiselle de Choisy.</td><td>2</td></tr>
<tr><td>26</td><td>Beccaria.</td><td>Traité des délits et des peines</td><td>1</td></tr>
</table>

Nos d'ordre			Série
326	BÉRANGER.	OEuvres complètes.	1
248	—	Œuvres complètes, 2 vol.	2
68	BÉRAUD.	Manuel de Physiologie.	2
361*bis*	BERCIER	La bonne guerre.	2
430	BERGERAT.	Le Faublas malgré lui.	2
2454	—	Le petit Moreau.	2
3333	—	La Vierge.	2
1692	BERGERET.	Provinciale.	2
4012	—	Dans le monde officiel.	2
2651	BERKELEY.	Journal de Mlle de Sommers.	2
3849	BERMON.	Le Passé.	2
3850	—	Le Sillon.	2
373	BERNARD (Ch.)	Un homme sérieux.	2
373*bis*	—	Tarass.	2
374	—	Le Paravent.	2
375	—	Gerfaut.	2
376	—	Le Gentilhomme campagnard, 2 vol.	2
377	—	Les Ailes d'Icare.	2
1384	—	La Peau du lion.	2
1734	—	L'Ecueil.	2
3157	—	L'Ecueil.	2
3674	—	Le Paratonnerre.	2
209	BERNARD (F.)	La Vie d'Oberlin.	2
1239	—	Guide de Paris à Lyon.	2
1338	—	Evasions célèbres.	2
1500	—	Les Fêtes célèbres.	2
1741	—	Lothaire.	2
257	BERNARD (Th.).	Poésies, 3 vol.	2
988	BERNARDIN DE St-PIERRE	Paul et Virginie.	2
70	—	OEuvres complètes, 12 vol.	3
342	—	OEuvres de Bernardin de St-Pierre, 2 vol.	3
2497	BERR DE TURIQUE.	Le meuble florentin.	2
3901	—	Mon Papa.	2
69*bis*	BERSOT.	Mesmer et le magnétisme animal.	2
450	BERQUIN.	L'Ami des Enfants.	3
155	BERT (P.)	La Morale des Jésuites.	2
221	—	L'Instruction civique à l'Ecole.	2
245	—	L'Ordre du jour	2
23	—	Leçons de Zoologie.	3
2731	BERTHERAY	Roman d'une âme.	2
3139	—	Les 3 filles de Peter Valdorp.	2
378	BERTHET	Le Nid de cigognes.	2
379	—	L'Enfant des bois.	2
380	—	Les Houilleurs de Polignies.	2
381	—	Tout est bien qui finit bien.	2
382	—	La Falaise Sainte-Honorine.	2
1715	—	La Femme du fou.	2
1720	—	Le Martyr de la Boscotte.	2
1779	—	Brocanteur.	2
2091	—	Double vue.	2
2109	—	L'Incendiaire.	2
2156	—	Sœur Julie.	2

Nos d'ordre			Série
2200	BERTHET	Les drames de Cayenne.	2
3044	—	Le Charlatan.	2
3165	—	Richard le Fauconnier	2
3167	—	Directrice des postes.	2
294	—	Nouvelles et Romans.	4
11	BERTHOUD.	Os d'un Géant	3
293	—	Les Hôtes du Logis.	3
245	BERTHOULD	L'Homme depuis 5.000 ans.	3
394	BERTRAND.	Traité de Somnambulisme.	3
38	BERTRAND (A.) . . .	Lettres sur les Révolutions du globe. .	2
3420	BERTRAND (L.). . . .	Le sang des Races	2
3710	—	La Cina	2
3103	BESNERAY (Marie DES)	Les Sacrifiés	2
2923	BEUDANT	Le Droit individuel et l'Etat.	2
2169	BEYNET.	Le Roman d'un défricheur.	2
3344	BEZANÇON.	Mme Tartarin.	2
3559	—	Des Maris S.V.P	2
4180	—	Marie Aimée	2
4257	—	Bourgeoises artistes.	2
391	BIARD (L.)	Aventures d'un jeune naturaliste . . .	2
392	—	A travers l'Amérique.	2
393	—	Le Bizco	2
394	—	Entre Frère et Sœur.	2
395	—	Lucia Avilla	2
396	—	Jeanne de Maurice	2
397	—	Le Roi des prairies	2
4718	BILLAUD	Un Coin du Morvan.	2
438	BILLAUDEL	Les Scrupules de Christine	2
3821	BILLOT.	Le Roman d'un petit bourgeois. . . .	2
3764	BILZ.	Petite Garnison.	2
350	BIZOS	Fénelon éducateur	3
2711	BLACHE (Noël). . . .	Au pays du Mistral	2
1871	BLACK (W.).	Sabina Kombra.	2
375	BLAIRAT	Tunis en 1891.	3
3326	BLAIZE.	Similia.	2
3466	—	Saison divine.	2
3522	—	Bonheur en germe	2
1455	BLANC (L.)	Questions d'aujourd'hui et de demain. .	2
173	—	Histoire de dix ans, 5 vol.	3
371	—	Lettres sur l'Angleterre, 4 vol.	3
96	—	Histoire de la Révolution française, 10 vol.	4
3494	BLANC (A.)	Maison des Roses.	2
2537	BLANCHARD	La Vie des êtres animés	2
362	BLANCHÈRE (LA) . . .	Aventures de la Ramée	2
783	—	Oncle Tobie	2
495	—	Monographie du Stéréoscope.	4
285	BLANCHON.	La Ferme des Perrots.	3
416	BLANDY.	Le petit Roi	2
417	—	Le Procès de l'absent	2
418	—	La Benjamine.	2
1820	—	Dernière chanson.	2

N^{os} d'ordre			Série

N^{os} d'ordre			Série
12	Bonnemère	La Commune agricole.	1
1286	—	Histoire des paysans, 2 vol.	2
1287	—	Histoire des Camisards.	2
1288	—	La Vendée.	2
174	—	La France sous Louis XIV, 2 vol.	3
1286	—	Histoire des Paysans.	4
1938	Bonnet.	Revanche d'Orgon.	2
1771	Bonnetain	Tonkin	2
2618	Bonnières	Jeanne Avril	2
4215	—	Mémoires d'aujourd'hui.	2
2946	Bonsergent.	Le Vétéran	2
48	Boom (de).	Unité européenne.	3
49	—	Solution politique et sociale	3
445	Bordeu	La Marie bleue	2
3589	—	Le Chevalier d'Ostabat.	2
3793	—	Pages de la vie	2
3516	Bordeaux (H.)	La Voie sans retour	2
3553	—	La Peur de vivre	2
3797	—	Le Lac noir.	2
3800	—	L'Amour en fuite	2
4122	—	L'Ecran brisé	2
4171	—	Petite Mademoiselle.	2
4353	—	La Robe de laine	2
4358	—	La Croisée des Chemins.	2
4359	—	Les yeux qui s'ouvrent	2
4400	—	La neige sur les pas.	2
4414	—	Les Roquevillard	2
4424	—	La Maison	2
4438	—	Le Pays natal.	2
4474	—	Les trois Tombes	2
4523	—	Le Plessis de Roye.	2
4532	—	La Résurrection de la chair, 2 vol	2
4531	—	Ménages d'après guerre.	2
4552	—	Le Mariage hier et aujourd'hui	2
4644	—	Le Cœur et le Sang.	2
98	Bordier et Charton.	Histoire de France, 5 vol.	4
1548	Borel	Le Comte A. de Gasparin	2
3460	Borius.	Vieux manoir.	2
477	Bornier.	La Fille de Roland.	3
239	Bossuet.	Discours sur l'Histoire universelle, 3 vol.	1
1283	—	Discours sur l'Histoire universelle	2
3665	Boubée.	La Dame aux rubans rouges	2
322	—	Cours de littérature française, 2 vol.	3
339	—	Epopées de la Révolution Française	3
47	Bouchardin	L'Eau-de-vie, ses dangers	3
99	Boucher	Histoire des Jésuites, 2 vol.	4
4360	Bouchor	Théâtre pour les jeunes filles.	2
4044	Bouilly.	Contes populaires.	2
2274	Boulabert	Sainte Eve et Cie.	2
2310	—	Riche à tout prix.	2
2687	—	Le Fils du supplicié, 2 vol.	2
4453	Boulenger	Le Fourbe	2

Nos d'ordre			Série
3844	Brète (J. de la)	Un Réveil.	2
4194	—	Illusion masculine	2
4259	—	Aimer quand même.	2
4487	—	Un Caractère de Française.	2
4580	—	Le Rubis	2
3339	Breton	Mariage d'Elisabeth	2
1712	Breuil (Du)	Vignobles.	2
2539	Briel (Abbé)	Le pillage de Fontenoy	2
100	Briffault	Le Secret de Rome	4
5	Brillat-Savarin	Physiologie du goût.	1
2742	Briois	La Tour St-Jacques, 2 vol.	2
6	Briot	Leçons d'Arithmétique.	3
3937	Brissac	Dans l'Ornière	2
4074	Brisson	Florise Bonheur.	2
4599	—	—	2
2592	Brot	La Sirène de Paris, 2 vol.	2
333	—	Le Médecin du cœur. 2 vol.	3
3	Brothier	Histoire de la Terre.	1
3435	Brown	La Goélette terrestre.	2
4239	Bricon	Les Anxiétés de Thérèse Lesieure.	2
4345	Brizieux	Poésies.	2
3706	Brulat	La Faiseuse de Gloire.	2
3884	Brunet	Culture du fraisier, etc., 4 vol.	2
162	Bruyssel	Les Clients d'un vieux poirier	3
1778	Bué	Les premiers Explorateurs Français du Soudan	2
2186	Buet	Le Crime de Maltavern	2
17	Buffon	Œuvres choisies	3
320	—	Œuvres complètes de Buffon, 5 vol.	3
147	—	Histoire de la Marine.	4
2543	Burdeau	L'Algérie en 1891.	2
3826	Burnouf	Histoire de la Littérature grecque	2
2492	Busnach	Le petit Gosse	2
2545	Bussard	L'Agriculture.	2
3810	Butlau	La Faute.	2
4054	—	Un Orage.	2
4186	—	Aimer	2
2980	Buxy (de)	Vocation de Béatrix.	2
2939	—	Sœur Petite.	2
3218	—	Château de Bronne	2
3537	—	Mademoiselle de Buxy.	2
3916	—	La Villa de Cœur-en-peine	2
3538	—	Le Mystère de Froid-Pignon.	2
3616	—	La Demoiselle au Bois dormant	2
3726	—	Second mariage.	2
4162	—	Noces de Neige	2
4517	—	La Marguerite des Marguerites.	2
4576	—	Ame captive	2
4667	—	Le Mariage de minuit.	2
4668	—	L'Aumône fleurie.	2
3720	Byl	Champignolles malgré lui, 2 vol.	2
56	Byron (Lord)	Le Corsaire.	1
147	—	Œuvres de Lord Byron	4

C

Nos d'ordre			Série
1952	CARNOY	Nuit de Noël	2
2606	CARO (Mme T.)	Fruits amers	2
3109	—	Idylle nuptiale	2
3221	—	Aimer c'est vaincre	2
2231	CAROL (J.)	L'honneur est sauf	2
2532	CARON	De Saint-Louis au port de Tombouctou	2
20	CARRAUD (Mme Z.)	Métamorphoses d'une goutte d'eau	2
121	—	Les Veillées de Maître Patrigeon	2
481	CARRÉ	Le Parlement de Bretagne après la Ligue	3
229	CARREL	Œuvres de Courier	2
135	CARRON	Roman comique	4
3573	CARREY	Les révoltes de Para	2
87	CARS (DES)	L'élagage des arbres	2
369	CARTERON	Souvenirs de la Campagne du Tonkin	3
3635	CASALE	Chanteclair	2
3324	CASANOVA	L'Angelus	2
492	CASE (J.)	La fille de Blanchard	2
2101	—	Bonnet rouge	2
4478	—	—	2
2792	CASSAGNAC	Histoire des Girondins, 2 vol.	2
2528	CASSEGRAIN	Pèlerinage au pays d'Evangéline	2
2352	CASSOT	Mort d'amour	2
2724	—	Secret d'Ursule	2
4285	CASTELLA (H. DE)	Les Squatters australiens	2
2405	CASTELLANE (DE)	Mesdemoiselles de Barberie	2
3976	—	Le Secret de Maroussia	2
3201	CASTÉTIS (DE)	Moulin du diable	2
1573	CASTILLON (A.)	Récréations physiques	2
1	CATALAN (E.)	Notions d'astronomie	1
1923	CATULLE MENDÈS	Envers des feuilles	2
3777	—	Pierre le Véridique	2
4218	—	Verger fleuri	2
4614	—	Gog, 2 vol.	2
2336	CAUVAIN	Les Proscrits de 93	2
3463	—	Mari de sœur Thérèse	2
3643	—	Le Grand Vaincu, 2 vol.	2
176	CAYX	Précis de l'Histoire de France	3
192	—	Précis de l'Histoire ancienne	3
3036	CAZE (R.)	Grand'mère	2
1509	CAZIN (J.)	L'Etincelle électrique	2
2621	—	Les Orphelins bernois	2
2691	—	Histoire d'un pauvre petit	2
255	CAZOTTE (J.)	Le Diable amoureux	1
485	CÉLIÈRES	Les deux Idoles	2
486	—	Le roman d'une Mère	2
6	CELLENART	Fleuriste	1
2233	CERMOISE	Une Maîtresse riche	2
3830	CERVANTÈS	Don Quichotte	2
1790	CHABRILLAT (H.)	Petite belette	2
2653	—	La Fillotte	2
4013	CHABROL	Part à deux	2
4156	—	Au plus digne	2

Nos d'ordre			Série
102	Charton	Bibliothèque des Merveilles.	2
103	—	La Verrerie.	2
197	—	La vie de Jamerai Duval	2
1434	—	Histoire de trois enfants pauvres.	2
2064	—	Le tableau de Cèbes.	2
2	—	Dictionnaire des Professions	4
30	—	Nouvelles lectures de famille.	4
87	—	Voyages anciens et modernes, 9 vol.	4
88	—	Tour du Monde, 1891, 4 vol.	4
1244	Chasles	Scènes des camps.	2
435bis	Chasseriau.	Vie de l'Amiral Duperré.	3
1831	Chateau (du)	Dix-huit cents francs de rente.	2
94	Chateaubriand	Atala. René.	2
230	—	Génie du Christianisme, 2 vol.	2
458	—	Les Martyrs.	2
2242	—	Mélanges politiques et littéraires.	2
2243	—	Analyse de l'Histoire de France.	2
94	—	Atala, 2 vol.	3
164	—	Œuvres de Chateaubriand.	3
458	—	Les Martyrs.	3
491	—	Voyage en Amérique.	3
4386	Chateaubriant	Monsieur des Lourdines.	2
2898	Chatin (J.)	La cellule animale.	2
237	Chaussier	Planches anatomiques.	4
4220	Chauvant et Salvanay	Sabre a la main.	2
1429	Chavannes	Reine et Berthe.	2
1886	Chavette.	La Belle Alliette.	2
1798	—	— —	2
3202	—	La Cléopâtre, 2 vol..	2
3203	—	Plan de Cardeuc, 2 vol.	2
3622	—	Le Tombeur des crânes, 2 vol.	2
784	Chazel.	Le Chalet des Sapins	2
785	—	Histoire d'un forestier.	2
150	—	Riquette.	3
2389	Chennevières.	Double faute.	2
2397	—	Un mari à l'essai.	2
4018	—	Estelle	2
4587	Chennevière (J.)	L'Ile déserte.	2
15	Chenu	Histoire naturelle.	4
4363	Chéramy.	Mémoires inédits de Mlle George	2
3633	Chérau.	Monseigneur voyage.	2
480	Cherbuliez.	Le Prince Vitale	2
481	—	Olivier Maugant.	2
482	—	Samuel Broth et Cie.	2
483	—	La Ferme du Choquart.	2
484	—	Ladislas Volski.	2
1415	—	La Bête.	2
1927	—	La vocation du Comte Ghislain.	2
3908	—	Le roman d'une honnête femme.	2
2464	—	— — —	2
2525	—	L'Art et la Nature.	2

Nos d'ordre			Série
3917	CHERBULIEZ	Méta Holdonis.	2
3965	—	Après fortune faite.	2
3982	—	Joseph Noirel.	2
4078	—	Le fiancé de Mlle St-Maur.	2
4695	—	Miss Rovel.	2
2679	CHÉRON (Mme)	Giboulée	2
2938	—	La Tour grise.	2
3081	—	Manoir de Boishaël.	2
3178	—	Merle blanc.	2
346	—	Princesse Rosalba.	3
235	CHERVILLE	Oiseaux chanteurs.	4
2375	CHEVALIER (P.)	Fables	2
3668	—	Derniers Iroquois.	2
3841	—	Poignet d'acier	2
497	CHINCHOLLE	Le vieux général.	2
145	CHODZKO	La Pologne.	4
506	CHOPIN	Histoire du Roi de Rome.	3
4165	CHOUSKY (DE)	La Brabina.	2
156	CHRISTIAN	Essais de Montaigne, 2 vol.	2
2504	CHUQUET	Les guerres de la Révolution, 5 vol.	2
2518	—	Rousseau.	2
27	CICÉRON	De la République.	1
2684	CIM	Entre camarades	2
3223	—	Mademoiselle Cœur-d'ange.	2
2030	CLADEL	Crête rouge	2
4228	—	Quelques sires	2
1243	CLAMAGERAN	L'Algérie.	2
448	CLARETIE	Le Million	2
450	—	Le troisième dessous	2
451	—	Pierrille	2
453	—	La Vie moderne au théâtre.	2
1377	—	Les Ornières de la vie.	2
1666	—	Candidat.	2
1756	—	La Mansarde	2
2218	—	Puyjoli.	2
2431	—	L'Américaine.	2
2693	—	Le beau Solignac, 2 vol.	2
	—	Les Muscadins, 2 vol.	2
2998	—	Brichanteau.	3
4284	—	L'Accusateur	2
552	—	Brichanteau célèbre.	3
48	—	Le Drapeau.	4
101	—	Histoire de la Révolution 70-71, 4 vol.	4
1963	CLAUDIN	Roses de la rue Vivienne.	2
4036	—	Lady Don Juan	2
490	CLAVEAU	Nouvelles contemporaines	2
2944	—	Pile ou face.	2
4103	—	M. Aristide.	2
2561	CLÉMENT (J.)	Nouveau secrétaire	2
2564	—	Guide en affaires	2
2578	—	La Santé ou la Médecine populaire.	2
466	CLERC	Souvenir d'un officier du 2ᵉ zouaves	2

Nᵒˢ d'ordre			Série
491	Conway	Le Secret de la neige	2
1925	—	Vivant ou mort.	2
2314	—	Nouvelles.	2
1420	Cooper (F.)	Les Pionniers.	2
95	—	Le Pilote.	3
96	—	Précautions ou choix d'un mari	3
97	—	Les Pionniers.	3
98	—	Lionel Lincoln	3
100	—	Les Puritains	3
101	—	La Prairie.	3
102	—	L'Ecumeur de mers	3
103	—	Le Corsaire rouge.	3
104ᵇⁱˢ	—	Le Tueur de daims.	3
105	—	L'Espion	3
106	—	Les mœurs du jour	3
107	—	Le Cratère	3
108	—	Le lac Ontario	3
95	—	Le Pilote	4
108ᵇⁱˢ	—	L'Ontario.	4
376	—	Romans populaires	4
2482	Coppée (F.)	Les vrais Riches.	2
3024	—	Longues et brèves.	2
3089	—	Pour la Couronne	2
3282	—	La bonne souffrance.	2
121	—	Œuvres complètes, 6 vol.	3
381	Coquegniot	L'Avocat des propriétaires et des locataires	3
335	Corbières	Cric-Crac, 2 vol.	3
3675	Corbin	Le Crime de Juliette.	2
2890	Corcelle	Haute-Loire.	2
3193	Corday (M.)	Confession d'un enfant du siège	2
4027	—	Mémoire du cœur.	2
240	Cordon	Le Secret du peuple.	3
1510	Corne	L'Education intellectuelle.	2
162	Corneille	Chefs-d'œuvre de Corneille, 2 vol.	1
240	—	Œuvres de Corneille, tome II.	1
263	—	Œuvres de Corneille	2
3549	Cornely	Notes sur l'Affaire Dreyfus.	2
3680	Cornisset	Le Docteur Giraud	2
351	Correard	Michelet	3
377	—	Hérodote.	3
4627	Corse	Par l'Amour, 2 vol.	2
92	Cortambert	Globe illustré.	4
4530	Corthis	Pour moi seule.	2
291	Cosseret	Le Livre des Fleurs.	4
320	Coste	L'Alcoolisme	1
1773	Cotteau	En Océanie.	2
1803	—	Touriste dans l'Extrême-Orient.	2
2824	Cottière	Par monts et par vaux.	2
200	Cottin	Œuvres complètes, 11 vol	1
464	—	Elisabeth.	2
4009	Coulevain	L'Ile inconnue	2

Nos d'ordre			Série
4119	COULEVAIN	Noblesse américaine	2
4120	—	Sur la branche	2
4193	—	Au cœur de la vie	2
4249	—	Eve Victorieuse	2
4507	—	Le roman merveilleux	2
3419	COULOMB (J. DE)	Le Mari de Nadalette	2
3487	—	Ferme comme roc	2
3514	—	Spectre d'or	2
3619	—	La Croix lumineuse	2
3626	—	L'invisible main	2
3928	—	L'Ombre du passé	2
4057	—	Muguette	2
4098	—	Dans l'engrenage	2
4516	—	La Maison des Chevaliers	2
4661	—	Fumées de gloire	2
3569	COUPERUS	La Paix universelle	2
1291	COURGEON	Histoire de France, 2 vol.	2
46	COURIER	Chefs-d'œuvre de P.-L. Courier	1
1755	COURTELINE	Le 51e Chasseurs	2
4702	—	Ombres parisiennes	2
1396	COURVAL (Mme DE)	Enfants aimables	2
127	COUSIN (V.)	Du vrai, du beau, du bien	2
2906	COUVREUR	Les Merveilles du corps humain	2
3451	—	Les Mancenilles	2
3558	—	La force du sang	2
3559	—	La Source fatale	2
4138	—	La Famille	2
120	COX	Les Dieux et les Héros	3
4594	COZZENS	L'Arizona	2
1809	CRAÏK (Mme)	Fils aîné	2
493	CRAVEN	Le Valbriant	2
2719	—	Fleurange, 2 vol.	2
2728	—	Elliane, 2 vol.	2
3019	CRAWFORD	Insaisissable amour	2
3148	—	Chanteur romain	2
238	CRÉBILLON	Œuvres de Crébillon, 2 vol.	1
2046	CRISAFULLI	Le Roi Marthe	2
24bis	CRUVEILHIER	Anatomie descriptive	3
25	—	Connais-toi toi-même	3
456	CUMMINS	L'Allumeur de réverbères	2
457	—	Les Cœurs hantés	2
2744	—	La Rose du Liban	2
2780	—	Mabel Vaughan	2
1378	CURER-BELL	Jeanne Eyre, 2 vol.	2
4039	—	Le Professeur	2
4105	—	Shirley	2

D

<table>
<tr><td>N^{os} d'ordre</td><td></td><td></td><td>Série</td></tr>
</table>

Nos d'ordre			Série
4095	D. P.	Le Sublime et le Travailleur.	2
3650	DACRE	La Race	2
1776	DAIREAUX.	Buenos-Ayres.	2
3359	DALL.	Christine Myriane	2
2782	DALLY	Armées étrangères	2
1631	DALSÈME	Le Siège de Bitche	2
3769	DANIN	Laquelle ?	2
293	DANRIT.	La Guerre fatale, 3 vol.	4
57	DANTE	L'Enfer.	1
249	—	Œuvres	2
594	DARC.	La Couleuvre.	2
595	—	Une Aventure d'hier	2
596	—	Revanche posthume.	2
1409	—	Canifs et contrats.	2
1781	DARCEY.	Le Crime de la 5ᵉ Avenue	2
355	DARMESTETER	Shakespeare	3
383	DARY.	L'Electricité dans la nature	3
2480	DASH.	Trois Amours.	2
3700	DATIN	Le Caravansérail	2
1580	DAUBAN.	Le Siècle de Louis XIV : Voltaire.	2
50	DAUBIÉ.	Femme pauvre au xixᵉ siècle.	3
1516	D'AUBRÉE	Lettres de Nordenskiold.	2
260	DAUDET (A.).	L'Arlésienne	1
281	—	La belle Nivernaise	1
565	—	Fromont Jeune et Risler aîné	2
566	—	Le Petit Chose	2
567	—	Jack	2
568	—	Le Nabab.	2
570	—	Les Rois en exil	2
571	—	Aventures de Tartarin de Tarascon	2
572	—	Tartarin sur les Alpes.	2
573	—	Numa Roumestan.	2
575	—	Robert Helmont	2
1342	—	Sapho.	2
1392	—	Lettres de mon moulin	2
1898	—	L'Immortel.	2
1998	—	Trente ans de Paris.	2
2248	—	Port-Tarascon	2
2416	—	Rose et Ninette.	2
2434	—	L'Evangéliste.	2
2607	—	Une femme du monde.	2
2695	—	La Petite Paroisse.	2
3767	—	Premier voyage.	2
4286	—	La Fédor.	2
438	—	Tartarin.	3
439	—	Le Nabab.	3
440	—	Sapho	3
441	—	Jack.	3
442	—	Lettres de mon moulin	3

Nos d'ordre			Série
2688	DESCHAMPS	Mon Ami Jean.	2
2851	—	Au Lys d'argent.	2
2875	—	L'Intrépide Marcel.	2
2953	DESCHAMPS (L.)	Le Village.	2
3018	DESCHAMPS (F.)	Les Grandeurs de Sophie.	2
1271	DESCHANEL	A pied et en wagon.	2
2281	—	La Vie des Comédiens.	2
3498	—	Le Mal et le Bien qu'on dit des femmes.	2
2958	DESCHAUME	Le Grand Patriote.	2
258	—	L'Armée du Nord.	4
578	DESLYS	L'Aveugle de Bagnolet	2
1724	—	La Mère Rainette.	2
1783	—	La Majorité de Mlle Bridot.	2
1883	—	L'Abîme	2
2021	—	Le Marchand de Plaisirs	2
2185	—	Les Buttes-Chaumont	2
2485	—	Tante Jeanne.	2
127	—	Le Pays du Soleil.	3
128	—	Courage et dévouement.	3
129	—	L'Ami François	3
418	—	Nos Alpes.	3
215	—	L'Héritage de Charlemagne	4
156	DESMOULINS (C.)	Œuvres.	1
553	DESNOYERS	Les Aventures de Robert-Robert, 2 vol.	2
554	—	Les Mésaventures de J. P. Choppart.	2
123	DESOUCHES	Etudes politiques et autres	2
1506	—	Etudes politiques et sociales.	2
465	DESPIQUES	Soldats de Lorraine	3
3823	DESPLACES	Le Père Gibus.	2
1491	DESPOIS	Le Vandalisme révolutionnaire.	2
1340	DESPREZ	L'Armée de Sambre-et-Meuse	2
284	DESSOYE	J. Macé et la Ligue de l'Enseignement	2
2766	DESVES	Une Nuit en Chemin de fer.	2
53	DEVILLE (Gue).	L'Eloge de la Folie	2
1678	DIAN	Miss Tommy	2
1726	—	Le Roi Arthur.	2
1940	—	Doris, 2 vol.	2
583	DICKENS	Bombey et fils, 3 vol.	2
584	—	La Petite Dorrit, 2 vol.	2
585	—	Nicolas Nickleby, 2 vol.	2
586	—	Aventures de Pickwick, 2 vol	2
587	—	Olivier Twist.	2
588	—	Le Neveu de ma Tante, 2 vol.	2
589	—	L'Ami commun, 2 vol.	2
1390	—	Bleak-House, 2 vol.	2
3231	—	Les Temps difficiles.	2
3232	—	Vie et aventures de Martin Chuzylewit, 2 vol.	2
3233	—	Barnabé Rudge	2
3388	—	Magasin d'antiquités, 2 vol.	2
4045	—	Les Contes d'un inconnu.	2
4086	—	Le Mystère d'Edwin Drood	2

Nos d'ordre			Série
4349	DICKENS	David Copperfield, 2 vol.	2
4350	—	Les Contes de Noël	2
130	—	L'Embranchement de Mugdy	3
48	DIDEROT	Paradoxe sur le comédien	1
87	—	Romans et Contes	1
159	—	Le Neveu de Rameau	1
525	—	Jacques le Fataliste	4
2813	DIDIER	Séjour du grand Chérif	2
3368	—	L'Amérique	2
88	DIDON	Les Allemands	3
2	DIDOT	Encyclopédie de famille, 12 vol.	3
3697	DISRAËLI	Sybill	2
4108	—	—.	2
2589	DIVERS	Pique-nique	2
1	—	Encyclopédie des connaissances utiles, 2 vol.	3
178	—	Pichegru. 2 vol	3
180	—	Fastes de la gloire, 5 vol	3
510	—	France dramatique	3
518	—	La Tunisie	3
39	—	Le Bon Journal, 8 vol.	4
90	—	Les Soirées de la chaumière	4
213 bis	—	Romans de la Mode illustrée	4
260	—	Histoire de la Russie	4
300	—	La France Parlementaire	4
1600	DIXON	La Suisse contemporaine	2
265	DJALLON	De l'Atlantique au Niger	3
1784	DOILLET	L'Amie de Pension	2
2660	—	Le Calvaire d'une femme	2
3430	—	Les Dessous d'un ménage	2
2391	DOMBRE (Roger)	Doctoresse	2
2696	—	La Garçonnière	2
2976	—	Tante Rabat-Joie	2
3074	—	Le Médecin de Belle-Maman	2
3106	—	Un Oncle à tout faire	2
3224	—	Les Demoiselles Danaïdes	2
3600	—	La Perle des Belles-Mères	2
3737	—	Cendrillon Nouveau-siècle	2
3751	—	Calvaire maternel	2
3791	—	Dardanelle et Cie	2
3886	—	Mon Prince	2
3944	—	Les Deux Parias	2
4123	—	Le Cheveu de mon existence	2
4405	—	L'Armoire aux chiffons	2
4406	—	La Maison sans fenêtres	2
4436	—	On frappe les trois coups	2
4441	—	Frondeuse	2
4442	—	Pas banale	2
406	—	Pain d'épice	3
4289	DOMENECH	Les Gorges du Diable	2
3620	DONAL	La Princesse Mystère	2
4703	DONNYA	L'Autre danger	2

Nos d'ordre				Série
1976	Ducoudray	Histoire nationale.		2
600	Ducret	Chignon d'or.		2
353	Ducros.	J.-J. Rousseau.		3
2075	Dufaut.	Savoir-vivre.		2
331	Duffaillit.	Le Nouveau vétérinaire pratique.		3
292	Dufour	L'Echo des feuilletons.		3
4096	Dujardin.	L'Essai commercial des vins et vinaigres.		2
183	Dulaure	Histoire de Paris et des environs, 18 vol.		3
434	Dumas (Père)	Les Secrets d'une jeune fille		2
499	—	Le Pasteur de l'Ashbourn, 2 vol.		2
500	—	Les Quarante-Cinq, 3 vol.		2
501	—	Mme de Chamblay, 2 vol.		2
502	—	Marie Stuart.		2
503	—	Les Trois Mousquetaires, 2 vol.		2
504	—	Vingt ans après, 3 vol.		2
505	—	Le Vicomte de Bragelonne, 6 vol.		2
506	—	Monte-Cristo, 6 vol.		2
507	—	Le Capitaine Pamphile.		2
508	—	Trois Maîtres.		2
509	—	Conscience l'Innocent, 2 vol.		2
511	—	Gabriel Lambert		2
512	—	Le Bâtard de Mauléon, 3 vol.		2
513	—	La Dame de Montsoreau, 3 vol.		2
514	—	Italiens et Flamands, 2 vol.		2
515	—	Ange Pitou, 2 vol.		2
516	—	Le Chevalier de Maison-Rouge, 2 vol.		2
517	—	Le Chevalier d'Harmental, 2 vol.		2
518	—	La Fille du Régent.		2
519	—	Le Capitaine Paul.		2
520	—	La San-Félice, 4 vol.		2
521	—	Emma Lyonna, 5 vol.		2
522	—	La Tulipe noire.		2
523	—	Le Collier de la Reine, 3 vol.		2
524	—	La Comtesse de Charny, 6 vol.		2
525	—	La Reine Margot, 2 vol.		2
526	—	Joseph Balsamo, 5 vol.		2
527	—	Les Mohicans de Paris, 4 vol.		2
528	—	Salvator, 3 vol.		2
529	—	Georges.		2
530	—	Les Frères Corses		2
531	—	Le Docteur mystérieux, 2 vol.		2
532	—	La Fille du Marquis, 2 vol.		2
533	—	Histoire de mes bêtes.		2
534	—	Impressions de voyage, 2 vol.		2
535	—	La Princesse de Monaco, 2 vol.		2
536	—	Ascanio, 2 vol.		2
537	—	Fernande.		2
538	—	Les Massacres du Midi		2
539	—	La Route de Varenne		2
540	—	La Boule de neige.		2
541	—	Les Mille et un Fantômes.		2

Nos d'ordre			Série
1401	Dumas (Père)	Un Cadet de famille, 3 vol	2
1402	—	Blancs et Bleus, 3 vol	2
1435	—	Les Louves de Machecoul, 3 vol	2
1669	—	Sylvandire	2
2321	—	Théâtre, 25 vol.	2
2694	—	Aventures de John Davis, 2 vol.	2
4033	—	—	2
2846	—	Terreur prussienne, 2 vol.	2
3086	—	Casse-noisette.	2
3108	—	Dieu dispose	2
4684	—	—	2
3129	—	Propos d'art et de cuisine.	2
3266	—	La Colombe.	2
3267	—	Pauline et Pascal Brunot	2
3738	—	Les Garibaldiens	2
3739	—	Le Maître d'armes.	2
3740	—	Souvenirs d'Antony.	2
3741	—	Causeries.	2
3743	—	Mémoires d'un aveugle, 4 vol.	2
3998	—	Le Testament de M. Chauvelin.	2
4033	—	Aventures de John Davys.	2
4075	—	Les Deux Diane, 3 vol.	2
4132	—	Le Meneur de loups.	2
4133	—	Le Chasseur de sauvagines.	2
4151	—	Le Prince des Voleurs, 2 vol.	2
4158	—	Olympe de Clèves.	2
4290	—	La Comtesse de Salisbury, 2 vol.	2
4509	—	Les Deux Diane, 3 vol.	2
4683	—	Parisiens et Provinciaux	2
81	—	La Bouillie de la Csse Berthe.	3
327	—	Le Page du Duc de Savoie.	3
52	—	Une vie d'artiste	4
543	Dumas (Fils)	Antonine.	2
544	—	La Dame aux Camélias	2
545	—	La Dame aux Perles	2
546	—	Le Docteur Servans.	2
1650	—	Trois hommes forts.	2
1791	—	L'Affaire Clémenceau	2
3108	—	Le Trou de l'Enfer, 3 vol.	2
4705	—	Le Roman d'une femme.	2
541	—	La Dame aux Camélias	3
582	Dumas (Paul).	Le Joueur.	2
1676	—	Belle Veuve.	2
547	Dumas (Mme A.).	Madame Benoit.	2
548	—	Le Mari de Madame Benoit	2
552	Dunand.	Le Marquis de Vaugrenant	2
45	Dupaty.	Lettres sur l'Italie, 3 vol.	1
3560	Dupin	La Filleule de Claude	2
2284	Duplessis.	Les Boucaniers.	2
2948	—	Les Etapes d'un volontaire, 4 vol.	2
2586	Dupont.	De Paris aux Montagnes.	2
31	—	Une Imprimerie en 1867.	4

Nos d'ordre				Série
1249	Dupuis (E.)	La France en zigzag.		2
3035	Dupuy (A.)	Réhabilitation.		2
352	—	Victor Hugo.		3
259	—	Histoire de la littérature française au XVIIe siècle.		4
2533	Dupuy (V.)	Souvenirs militaires		2
1292	Durand-Brage	Expéditions de Garibaldi.		2
2079	Durantin.	Un Jésuite de robe courte.		2
1245	Duruy (V.)	De Paris à Bucarest		2
1293	—	Histoire sainte		2
1296	—	Histoire grecque		2
1297	—	Histoire romaine		2
263bis	—	Les Mémoires de Barras, 4 vol.		3
580	Duruy (G.)	Andrée.		2
581	—	Le Garde du corps.		2
1719	—	L'Unisson.		2
2081	—	Fin de rêve.		2
2576	—	Victoire d'âme.		2
1754	Duval	Tonnelier.		2
1949	—	Vieille histoire		2
2031	—	Coup de fusil		2
37	—	L'Algérie.		3
1830	Duvallon.	La Comtesse Xénie		2
598	Duvernet.	Le Péché originel		2
4586	Duvernoy.	Le Roman des Quatre, 2 vol.		2

E

Nos d'ordre				Série
632	Ecilaw.	Une Altesse impériale.		2
545	Edgeworth.	Jervas le boiteux.		3
3920	Edgy.	La Servante		2
4134	—	Cher Infidèle		2
4188	—	Couronne de roses		2
3574	Edmond.	Le Neveu du Comte Sérédine		2
130	—	L'Egypte à l'Exposition de 1867		4
629	Edwards	L'Héritage de Jacob Tréfalden, 2 vol		2
630	—	Brune aux yeux bleus.		2
631	—	Mystérieuse disparition		2
3171	—	Un bas-bleu		2
1497	Edwing	Un fer à repasser.		2
80	Egmont	Œuvres fantastiques d'Hoffmann.		2
4500	Elder	Le Peuple de la mer		2
624	Eliot	La Famille Tulliver.		2
625	—	Adam Bède, 2 vol.		2
626	—	Silas Marner		2
2160	Elzéar	Christine Bernhard.		2
617	Enault	Pêle-Mêle		2
618	—	Nadège.		2
619	—	Le Roman d'une veuve.		2
620	—	Histoire d'amour		2

Nos d'ordre			Série
3163	Escoffier	Le Mercier de Lyon	2
4159	Esparbès	Le Briseur de fers	2
186	Esquiros	Histoire des Montagnards, 2 vol	3
142	—	Histoire des Martyrs	4
1484	Essarts (des)	Poème de la Révolution	2
2240	—	Les Elévations	2
114	Etang (de l')	L'Ouvrier, sa femme, ses enfants	2
1504	—	L'Epargne	2
23	Etex	Beaux-Arts	4
627	Etiévant	La Débâcle	2
633	Etincelle	L'Impossible	2
634	—	L'Archiduchesse	2
4255	Excoffon	Pour être heureux	2
622	Eyma	Le Roi des Tropiques	2
623	Eyma	Aventurier et Corsaire	2
2745	Eynaud	Scènes de la vie orientale	2

F

Nos d'ordre			Série
54	Fabre (F.)	Lectures scientifiques. — Botanique	2
59	—	Zoologie	2
4591	—	Mœurs des Insectes	2
4592	—	La vie des Insectes	2
4593	—	Merveilles de l'Instinct chez les Insectes	2
252	—	Les Inventeurs et leurs inventions	3
380	—	Souvenirs entomologiques	3
655	—	L'Abbé Tigrane	2
656	—	Les Courbezon	2
657	—	Barnabé	2
1393	—	Mon Oncle Célestin	2
2197	—	L'Abbé Roitelet	2
2477	—	Norine	2
2511	Fabre (J.)	Jeanne d'Arc, 3 vol	2
2631	—	Le Chevrier	2
3240	—	Julien Savignac	2
4040	—	Lucifer	2
4111	—	Calvaire de la Baronne Fuster	2
4157	—	L'Hospice des Enfants assistés	2
247	Faidherbe	Le Sénégal	4
2911	Fairmaire	Histoire naturelle de la France, 2 vol	2
3987	Faivre	Amants étranges	2
3882	Fallot	La question du Maroc	2
4026	Fanton	Hommes nouveaux	2
542	Farnay	La Brioulette	3
1985	Farjeon	Le Mystère de Porter-Square	2
4475	Farrère	La Bataille	2
4485	—	Les Civilisés	2
4531	—	La dernière Déesse	2
4645	—	Une jeune fille voyagea	2

Nos d'ordre			Série
4672	Farrère	Le dernier Dieu.	2
3446	Fath.	La Rançon du Bonheur	2
3571	—	Mariage américain	2
3792	—	Vertige passionnel	2
487	—	Prisonniers dans les glaces	3
4135	Fauer	Les Ignorantes	2
2130	Faure (Gl le)	Volontaire de 1815	2
224	—	Savant russe, 4 vol	4
463	Fautras	De la Loire à l'Oder.	3
2811	Favre (A.)	Comment un fils se marie.	2
160	Fayette (de la)	La princesse de Clèves.	1
1576	Fée	Voyage autour de ma bibliothèque.	2
1539	Feillet	Histoire du gentil seigneur de Bayard.	2
1577	—	La misère au temps de la Fronde.	2
157	Fénelon	De l'existence de Dieu.	2
1496	—	Les Aventures de Télémaque, 3 vol.	2
2195	Ferima	Esclaves et Corsaires d'Afrique	2
1532	Fermé	Les Conspirations sous le Second Empire	2
1571	—	Strasbourg.	2
384	Ferney.	Le Moujick.	3
32	Ferrari.	Le Prince	1
1465	Ferraz.	Nos devoirs et nos droits.	2
642	Ferry (G.)	Aventures du Capitaine Ruperto-Castano.	2
643	—	Le Coureur des Bois, 2 vol	2
644	—	Aventures d'un Français chez les Caciques.	2
645	—	Costal l'Indien.	2
642	—	Dernières aventures de Bois-Rosé	4
1657	—	Scènes de la vie sauvage au Mexique	2
286	Fesch	Le Panthéon des bonnes gens	4
277	Feuilleret.	Les Romains en Afrique	3
647	Feuillet (O.)	Histoire de Sybille	2
648	—	La Veuve.	2
649	—	Les Amours de Philippe.	2
650	—	Julia de Trécœur.	2
651	—	Un mariage dans le monde.	2
652	—	M. de Camors.	2
653	—	La Morte.	2
654	—	Journal d'une femme	2
1950	—	Divorce de Juliette	2
2220	—	La petite Comtesse.	2
2225	—	Bella.	2
2230	—	Scènes et Comédies.	2
2261	—	Scènes et Proverbes.	2
2363	—	Histoire d'une Parisienne.	2
3030	—	Honneur d'artiste.	2
132	—	Vie de Polichinelle.	3
219	Feuillide.	Avant 1789.	3
639	Féval (P.)	Le Tueur de Tigres	2
640	—	La fontaine aux Perles.	2

Nos d'ordre			Série
641	Féval (P.)	Les Parvenus.	2
1414	—	La Fabrique de mariages.	2
2184	—	Le Château de velours.	2
2291	—	Les Fanfarons du Roi	2
2590	—	La Louve et Valentine de Rohan, 2 vol.	2
2730	—	L'Oncle Louis, 2 vol.	2
2954	Féval (Fils)	Le Livre jaune.	2
4024	Féval (P.)	Jésuites.	2
4338	—	Jean Diable, 2 vol.	2
444	—	Le Château Croyat, 2 vol.	3
3179	Fèvre (H.)	Galafieu.	2
1727	Ficy	Rolande Marnet.	2
1839	—	La tâche de Sœurette.	2
2161	—	Les Hautvillers.	2
2580	—	Le Mariage de Ségare.	2
403	—	Le meurtrier des Hautes-Chaumes.	3
404	—	La destinée de Sylvère	3
1567	Fielding.	Romans Anglais	2
146	Figuier (L.)	Le Lendemain de la mort	2
1422	—	Nouvelles languedociennes.	2
3	—	Le Savant du foyer.	3
4	—	Vie des savants, 5 vol.	3
12	—	La Terre avant le déluge.	3
13 bis	—	La Terre et les Mers.	3
14	—	Histoire des plantes.	3
19	—	Les Oiseaux	3
20	—	Les Insectes	3
21	—	Les Mammifères	3
22	—	Poissons et Reptiles.	3
27	—	Les Races humaines.	3
32	—	Les grandes Inventions	3
19	—	Merveilles de l'Industrie, 4 vol.	4
20	—	Merveilles de la Science, 4 vol.	4
21	—	La vie et les mœurs des animaux.	4
240	—	La Science, 2 vol.	4
2356	Fillemin	Encyclopédie-Philosophie	2
4674	—	Petite Encyclopédie philosophique.	2
166	—	Impressions d'un Touriste.	3
177bis	—	Impressions d'un touriste.	4
2379	Filon	Violette Meryan.	2
363	Firmery	Gœthe	3
14	Flammarion (C.)	Merveilles célestes	2
15	—	Pluralité des Mondes habités.	2
21	—	Bibliothèque des merveilles.	2
166bis	—	L'Humaine.	2
1626	—	Les Terres du ciel.	2
2735	—	La fin du monde.	2
3784	—	Rêves étoilés.	2
4706	—	Clairs de lune.	2
8	—	Histoire du ciel.	4
9	—	Astronomie populaire.	4
658	Flaubert.	Bouvard et Pécuchet	2

Nos d'ordre			Série
2260	FLAUBERT.	Madame Bovary.	2
2378	—	Salambô.	2
1838	FLEMMING.	Un roman sur le Nil	2
4691	—	Les chaînes d'or.	2
4701	FLERS (DE).	Le Roi.	2
301	FLEURIGAND.	Jeux et sports.	4
662	FLEURIOT.	Cadette.	2
663	—	Vie en famille.	2
664	—	Tranquille et Tourbillon	2
666	—	Petite Belle.	2
667	—	Alberte.	2
668	—	Réséda.	2
669	—	Gildas l'Intraitable.	2
1869	—	De fil en aiguille	2
1870	—	De trop	2
2022	—	Charybde en Scylla.	2
2060	—	Loyauté	2
2241	—	Aigle et Colombe.	2
2270	—	Bengale	2
2272	—	Marquise et Pécheur	2
2346	—	Le petit chef de famille	2
2347	—	Le jeune Chef de famille.	2
2348	—	Raoul Daubry.	2
2411	—	La glorieuse	2
2649	—	Une parisienne sous la foudre.	2
2671	—	Un enfant gâté	2
2690	—	Bouche en cœur.	2
2705	—	Un fruit sec	2
2989	—	Les Prevalonnais	2
3328	—	Allix, 2 vol.	2
3543	—	Marga, 2 vol.	2
4387	—	Désertion.	2
4388	—	Les mauvais jours.	2
4389	FLEURIOT (Y.).	L'Oncle Trésor	2
134	—	Grand cœur.	3
135	—	Caline	3
136	—	La petite Duchesse	3
1299	FLEURY.	Histoire de l'Angleterre.	2
1943	FLOENAN	Mon Oncle et ma Femme	2
3010	FLORAN (Mary)	Mariage de Clément.	2
3401	—	Tentation mortelle.	2
3462	—	Maman Cendrillon	2
3492	—	Mademoiselle Millions.	2
3939	—	Femme de lettres.	2
122bis	FLORIAN	Numa Pompilius, 3 vol	1
1983	FLORIAN DE PHARÁON.	Madame Maurel.	2
62	FLOURENS.	Instinct des animaux	2
466	FOA (Ed.)	Chasse aux grands fauves.	3
637	FOË (DE).	Robinson Crusoë	2
4497	FOGAZZACO	Petit monde d'aujourd'hui.	2
3071	FOLEY (Ch.)	Monsieur Belle-Humeur.	2
3768	—	La Demoiselle blanche	2

Nos d'ordre			Série
104	Gallois (L.)	Histoire de la Révolution de 1848, 4 vol.	4
1559	Gambetta	Discours	2
687	Gandon	32 Duels	2
24	Ganot	Physique	2
1471	Garat	Origine des Basques	2
2546	Garcin	Au Tonkin	2
201	Garet	Bienfaits de la Révolution française	3
107	Garnier (Pagès)	L'Opposition et l'Empire	1
3	—	Dictionnaire politique	4
104bis	—	Histoire de la Révolution de 48	4
1977	Garnier (F.)	De Paris au Tibet	2
2926	Garola	La Pratique des travaux de la ferme	2
16	Garros	L'Esprit de la morale universelle	1
691	Gaskell	Nord et Sud, 2 vol.	2
692	—	Marie Barton	2
693	—	Ruth	2
694	—	Les amoureux de Sylvia	2
128	Gasparin	La Conscience	2
129	—	Les horizons prochains	2
130	—	La Liberté morale, 2 vol.	2
131	—	Les Droits du cœur	2
132	—	Les Horizons célestes	2
133	—	Le Bonheur	2
134	—	Tristesse humaine	2
135	—	Les Ecoles du doute	2
136	—	Paroles de vérité	2
137	—	Questions diverses	2
138	—	La Famille — ses devoirs — ses joies — ses douleurs, 2 vol.	2
139	—	L'Egalité	2
140	—	L'Ennemi de la famille	2
141	—	Pensées de liberté	2
698	—	A Constantinople	2
3239	—	A Constantinople	2
1255	—	Voyage au Levant, 2 vol.	2
1301	—	Luther	2
1468	—	Prouesses de la bande du Jura, 2 vol.	2
1490	—	Trois paroles de paix	2
1499	—	Vesper	2
1513	—	Le Christianisme au Moyen-âge. Innocent III	2
1513bis	Gasparin	Innocent III	2
1547	—	Un grand peuple qui se relève	2
1558	—	Discours politiques	2
1584	—	L'Amérique devant l'Europe	2
1596	—	Liberté religieuse	2
1634	—	Bon vieux temps	2
2355	—	Les tables tournantes	2
2560	—	Le Surnaturel, 2 vol.	2
40	—	Trois discours prononcés à Genève	3
1716	Gastyne (J. de)	La Farandole	2
2330	—	L'Affaire du général X...	2

Nᵒˢ d'ordre			Série
413	GIDEL	Les Français au xviiᵉ siècle	3
4608	GIFFARD	Retiré des Affaires.	2
287	—	La fin du cheval.	4
3796	GILETTE.	Longue route.	2
4192	—	Aimons.	2
60	GIRARD (J.).	Le monde microscopique des eaux	2
61	GIRARD (M.)	Les Métamorphoses des insectes	2
28	GIRARD (J.).	Les facultés humaines.	3
257	—	France et Chine, 2 vol.	3
704	GIRARDIN	Chacun son idée.	2
705	—	Récits de la vie réelle.	2
706	—	Les locataires des Demoiselles Rocher	2
707	—	La Croix de Berny.	2
817ᵇⁱˢ	—	La Princesse Zouroff	2
1614	—	Les théories du Dʳ Wurtz	2
2294	—	Un drôle de petit bonhomme	2
119	—	Tom Brown.	3
138	—	Maman	3
139	—	Les Millions de la Tante Zézé	3
140	—	La Nièce du capitaine.	3
141	—	Fausse route	3
143	—	Les gens de bonne volonté	3
144	—	Les Épreuves d'Etienne	3
145	—	Le roman d'un cancre.	3
155	—	Récits de la vie réelle.	3
295	—	Grand-père	3
301	—	Nous autres.	3
451	—	Le Capitaine Bassinoire	3
2209	GIRARDIN Mme (E. DE).	Ne pas jouer avec la douleur.	2
2741	—	Contes d'une vieille fille à ses neveux.	2
3678	—	L'homme et la femme.	2
730	GIRAUD.	Le Talion.	2
1628	GIRAULT	Traité de ponctuation et autres.	2
2897	GIROD (Dʳ)	Les Sociétés chez les animaux	2
1824	GIRON (A.)	Une lune de miel	2
2137	—	Braconnette.	2
1254	GIRONNIÈRE (P. DE LA).	Vingt ans aux Philippines.	2
2098	GLATRON	Nièce du curé.	2
2202	—	L'Oubli.	2
727	GLOUVET	Le Père.	2
728	—	L'Idéal	2
1746	—	Fille adoptive	2
3936	GLYN	Les visites d'Elisabeth.	2
2219	GOBIN	Pierre l'Abs.	2
3058	—	Fernande	2
4581	GOBINEAU	Nouvelles asiatiques.	2
1535	GŒPP.	Les Grands Hommes de France.	2
59	GŒTHE	Hermann et Dorothée	1
69	—	Faust.	1
4303	—	Werther	2
690	GOGOL	Tarass-Boulba.	2
2368	—	Les âmes mortes, 2 vol.	2

<table>
<tr><td>Nos
d'ordre</td><td></td><td></td><td>Série</td></tr>
<tr><td>373</td><td>GOGOL . . . .</td><td>Tarass-Boulba. . . . .</td><td>3</td></tr>
<tr><td>3672</td><td>GOHIER (U.). . . . .</td><td>L'Armée contre la Nation . . . .</td><td>2</td></tr>
<tr><td>4094</td><td>— . . . . .</td><td>Les Prétoriens et la Congrégation . . .</td><td>2</td></tr>
<tr><td>201</td><td>GOLDSMITH . . . . .</td><td>Le Ministre de Vakefield . . . .</td><td>1</td></tr>
<tr><td>681</td><td>GOLZAN. . . . . . .</td><td>La folle du logis. . . . .</td><td>2</td></tr>
<tr><td>-488</td><td>GOMBERT . . . . . .</td><td>Duguesclin . . . .</td><td>3</td></tr>
<tr><td>690bis</td><td>GONCOURT (DE) . . .</td><td>Renée Maupérin. . . . .</td><td>2</td></tr>
<tr><td>1343</td><td>— . . . . . .</td><td>Germinie Lacerteux . . . .</td><td>2</td></tr>
<tr><td>1807</td><td>— . . . . . .</td><td>La Faustin . . . .</td><td>2</td></tr>
<tr><td>3557bis</td><td>— . . . . .</td><td>Les Frères Zemganno . . . .</td><td>2</td></tr>
<tr><td>679</td><td>GONDRECOURT . . . .</td><td>Un Ami diabolique. . . . .</td><td>2</td></tr>
<tr><td>2072</td><td>— . . . .</td><td>Mademoiselle de Kardonne. . . . . .</td><td>2</td></tr>
<tr><td>702</td><td>GONZALÈS. . . . . .</td><td>Les Frères de la côte . . . .</td><td>2</td></tr>
<tr><td>1226</td><td>— . . . . . .</td><td>La Dame de nuit, 2 vol. . . . .</td><td>2</td></tr>
<tr><td>1865</td><td>— . . . . . .</td><td>Princesse russe. . . . .</td><td>2</td></tr>
<tr><td>3479</td><td>— . . . . . .</td><td>Le Vengeur du mari. . . . .</td><td>2</td></tr>
<tr><td>2636</td><td>GORON . . . .</td><td>Un beau crime . . . .</td><td>2</td></tr>
<tr><td>3636</td><td>— . . . .</td><td>Un beau crime . . . .</td><td>2</td></tr>
<tr><td>3150</td><td>— . . . .</td><td>Mémoires de Goron, 3 vol. . . . . . .</td><td>2</td></tr>
<tr><td>4390</td><td>— . . . .</td><td>L'Amour à Paris. Nouveaux mémoires.</td><td>2</td></tr>
<tr><td>29</td><td>GOSSIN . . . .</td><td>Principes d'Agriculture. . . . .</td><td>2</td></tr>
<tr><td>688</td><td>GOTTHELF. . . . . .</td><td>L'Ame et l'Argent. . . . .</td><td>2</td></tr>
<tr><td>699</td><td>— . . . . . .</td><td>Nouvelles Bernoises . . . .</td><td>2</td></tr>
<tr><td>700</td><td>— . . . . . .</td><td>Au Village. . . . .</td><td>2</td></tr>
<tr><td>701</td><td>— . . . . . .</td><td>Joies et souffrances d'un Maître d'école,
2 vol. . . . .</td><td>2</td></tr>
<tr><td>684</td><td>GOUBAUX . . . . . .</td><td>Nouvelles. . . . .</td><td>2</td></tr>
<tr><td>1857</td><td>GOUDEAU . . . . . .</td><td>Le Froc . . . .</td><td>2</td></tr>
<tr><td>144</td><td>GOUDOUNÈCHE . . . .</td><td>Manuel de Morale . . . .</td><td>2</td></tr>
<tr><td>1962</td><td>GOUET . . . .</td><td>Dette de famille . . . .</td><td>2</td></tr>
<tr><td>2259</td><td>GOURAUD (Mme J.) .</td><td>Les quatre pièces d'or . . . .</td><td>2</td></tr>
<tr><td>2268</td><td>—</td><td>Quand je serai grande. . . . .</td><td>2</td></tr>
<tr><td>2655</td><td>—</td><td>Cécile ou la Petite sœur. . . . . . .</td><td>2</td></tr>
<tr><td>4609</td><td>—</td><td>Cécile ou la Petite sœur. . . . . . .</td><td>2</td></tr>
<tr><td>3637</td><td>GOURDON . . . . . .</td><td>Margeride. . . . .</td><td>2</td></tr>
<tr><td>2406</td><td>GOZAL . . . .</td><td>Mariée. . . . .</td><td>2</td></tr>
<tr><td>682</td><td>GOZLAN. . . . . . .</td><td>Les Vendanges . . . .</td><td>2</td></tr>
<tr><td>2769</td><td>— . . . .</td><td>Les nuits du Père Lachaise . . . . . .</td><td>2</td></tr>
<tr><td>2798</td><td>— . . . .</td><td>Le Médecin du Pecq. . . . .</td><td>2</td></tr>
<tr><td>250bis</td><td>— . . . .</td><td>Les Méandres. . . . .</td><td>3</td></tr>
<tr><td>1777</td><td>GRAFFIGNY (DE) . . .</td><td>Le liège et ses applications . . . . . .</td><td>2</td></tr>
<tr><td>696</td><td>GRAMMONT . . . . .</td><td>Gentilshommes pauvres. . . . . . .</td><td>2</td></tr>
<tr><td>2534</td><td>GRANDEAU. . . . . .</td><td>Etudes agronomiques. . . . .</td><td>2</td></tr>
<tr><td>3041</td><td>GRANDFORT . . . . .</td><td>Cousine d'André . . . .</td><td>2</td></tr>
<tr><td>3384</td><td>GRANDMOUGIN . . . .</td><td>Choix de Poésies . . . .</td><td>2</td></tr>
<tr><td>2910</td><td>GRANGER. . . . . . .</td><td>Histoire naturelle de la France . . . .</td><td>2</td></tr>
<tr><td>263</td><td>GRANIER DE CASSAGNAC</td><td>Causes de la Révolution française, 3 vol.</td><td>4</td></tr>
<tr><td>3971</td><td>GRAVIER . . . . . .</td><td>L'Abbé Changine. . . . .</td><td>2</td></tr>
<tr><td>1520</td><td>GRAVIÈRE (DE LA) . .</td><td>Guerres maritimes, 2 vol. . . . . . .</td><td>2</td></tr>
<tr><td>3094</td><td>GRAY (Maxwell) . .</td><td>Le Silence du doyen . . . .</td><td>2</td></tr>
<tr><td>452</td><td>GRÉCOURT. . . . . .</td><td>OEuvres complètes de Grécourt, 3 vol. .</td><td>3</td></tr>
<tr><td>714</td><td>GRENIER . . . . . .</td><td>Jaqueline Bonhomme . . . .</td><td>2</td></tr>
</table>

H

N°s d'ordre				Série
2457	Hermant		La Mission Cruchod.	2
2471	—		Rabassou.	2
3677	—		Les Confidences d'une aïuele.	2
3708	—		Le Char de l'Etat	2
3957	—		Les Grands bourgeois.	2
4028	—		Le Frisson de Paris.	2
2467	Herpin.		Marie Fougère	2
3232bis	Hervieux (L.).		Théâtre en vers.	2
3006	—	(P.).	L'Armature.	2
3713	Herz.		Mes Voyages en Amérique.	2
743	Heyman		Le Sergent Hoff.	2
748	Hillern		La Fille au vautour.	2
113	Hippeau		Cours d'Economie domestique.	2
117	Hirtz		Méthode de coupe.	2
472	Hoche		Les Mémoires de Krügger.	3
80	Hoffman.		OEuvres.	3
3822	Holl.		Les Casques blancs	2
217	Honoré		Mangeur de Tartares.	4
61	Horace		Poésies.	1
2951	Hostel.		Fables et Vérités.	2
421	Houdetot.		Lys et Chardons.	3
733	Houssaye		Bianca	2
757	—		Le Repentir de Marion.	2
758	—		Blanche et Marguerite.	
759	—		Les Aventures galantes de Margo.	2
760	—		Mademoiselle Phryné.	2
1665	—		Madame Lucrèce	2
1904	—		Rodolphe et Cynthia	2
1905	—		Le Roman de la Duchesse	2
2044	—		Les Larmes de Jeanne.	2
2587	—		Les Comédiens sans le savoir.	2
2773	—		Le Violon de Franjolé.	2
4586	Houville (d').		Le Roman des Quatre, 2 vol.	2
1431	Howels		La Passagère de l'Aroostoock.	2
3057	Huard.		Cherchons la femme.	2
2476	Hubard		L'Idéal d'un mauvais sujet.	2
1305	Hubault		Les grandes Epoques de la France, 2 v.	2
234bis	Huet		Histoire de Bordas de Moulin.	2
3053	Hugo (Ch.).		Chaise de paille.	2
322	Hugo (Victor)		Feuilles d'Automne.	1
251	—	—	L'Année terrible	2
252	—	—	Odes et Ballades.	2
253	—	—	Les Contemplations, 2 vol.	2
254	—	—	La Légende des siècles.	2
256	—	—	Religion et Religions.	2
737	—	—	Les Misérables, 5 vol.	2
738	—	—	Dernier Jour d'un condamné.	2
739	—	—	Quatre-vingt-treize, 2 vol.	2
740	—	—	Bug-Jargal	2
741	—	—	L'Homme qui rit, 2 vol.	2
742	—	—	Les Travailleurs de la Mer, 2 vol.	2
1256	—	—	En Zélande.	2

Nos d'ordre			Série
1305	Hugo (Victor)	Les grandes Epoques de la France, 2 v.	2
1350	— —	Mes Fils.	2
1430	— —	Le Massacre, 2 vol.	2
1459	— —	Le Rhin, 3 vol.	2
1462	— —	Les Orientales	2
1464	— —	Napoléon le Petit.	2
1531	— —	Les Chansons des Rues et des Bois.	2
1610	— —	La Pitié suprême.	2
1624	— —	Littérature et Philosophie, 2 vol.	2
1796	— —	Les Voix intérieures	2
1908	— —	L'Art d'être Grand-Père	2
3786	— —	Œuvres.	2
77	— —	Le Pape, 2 vol.	3
148	— —	Les Misérables, 7 vol.	3
266	— —	L'Ane	3
303	— —	Notre-Dame de Paris, 3 vol.	3
304	— —	Han d'Islande, 2 vol.	3
305	— —	Le Rhin, 4 vol.	3
306	— —	Littérature, 2 vol.	3
307	— —	Odes et Ballades.	3
308	— —	Les Chants du crépuscule	3
309	— —	Les Rayons et les Ombres.	3
310	— —	Feuilles d'Automne	3
311	— —	Les Orientales.	3
312	— —	Les Contemplations, 2 vol.	3
314	— —	Le Roi s'amuse. — Lucrèce Borgia.	3
315	— —	Marie Tudor. — Angelo.	3
316	— —	Hernani. — Marion Delorme.	3
317	— —	Ruy-Blas. — Les Burgraves.	3
318	— —	Les Voix intérieures.	3
319	— —	Choses vues.	3
32	— —	Le Théâtre, 3 vol.	4
63	— —	L'Homme qui rit, 2 vol.	4
115	— —	Odes et Ballades.	4
144	— —	Feuilles d'Automne.	4
303	— —	Notre-Dame de Paris.	4
315	— —	Quatre-vingt-treize	4
364	— —	L'Année terrible	4
139	Hugot	La France pittoresque, 3 vol.	4
1597	Hugues	Les Soirs de bataille.	2
42	Hulot	Les Institutes de l'Empereur Justinien.	1
1569	—	— — —	2
		(2 volumes.)	
2194	Hume	Œuvres philosophiques, 6 vol.	2
2396	Hungerford	Premières Joies et premières Larmes, 2 vol.	2
4481	Hure (Augusta)	L'Italie et ses beautés.	2
4352	Huret (Jules)	En Amérique, 2 vol.	2
4439	— —	En Allemagne, 4 vol.	2
4451	— —	En Argentine, 2 vol.	2
3993	Huysmans	Les Foules de Lourdes.	2
4708	—	L'Oblat.	2

I

K

L

<table>
<tr><td>N^{os}
d'ordre</td><td></td><td></td><td>Série</td></tr>
</table>

Nos d'ordre	Auteur	Titre	Série
1667	LABARRIÈRE	Maître Sauvat	2
3474	—	L'Affaire Gauliot	2
91	LABOUCHÈRE	Oberkampf	2
276	LABOULAYE	Contes bleus	2
779	—	Le Prince Caniche	2
1530	—	Causeries d'un ancien ouvrier	2
19	LA BRUYÈRE	Les Caractères	1
1527	—	—	2
3950	LA BRUYÈRE (M.)	Midi à quatorze heures	2
4021	LABRUYÈRE (G. DE)	Chantereine	2
504	LA BRUYÈRE (M.)	Le Rachat du bonheur	3
4	LACHATRE	Dictionnaire des Écoles	2
106	—	Histoire des Papes, 6 vol.	4
2019	LACHAUD	Pour l'argent	2
1299bis	LACHÈSE	Josèphe	2
3900	—	Marie-Ange	2
1308	LACOMBE	Histoire du Peuple français	2
1581	—	Le Patriotisme	2
2881	LACOUR-GAYOT	Lectures historiques	2
1566	LACROIX	Hist. anecdotique du Drapeau français	2
4142	LADOUCETTE	L'Amour et l'Argent	2
3414	LAFARGUE	Ruth	2
3772	—	Les Danglemar, Bethsabée, 2 vol.	2
4610	—	Le Comte Satan	2
251	LAFON	Mille ans de guerre	3
324	LA FONTAINE	Contes et nouvelles	1
258	—	Fables, 2 vol.	2
3063	—	Œuvres	2
373	—	—	4
2191	LAFOREST	La Femme d'Affaires	2
2997	—	Angéla Bouchaud	2
1	LAGARRIGUE	Récréations scientifiques	2
2193	LA HARPE	Cours de Littérature, 17 vol.	2
2930	LAISNEL	Souvenirs d'un Grenadier	2
2122	LAMAN	Amour sans nom	2
65bis	LAMARTINE	Méditations poétiques	1
230bis	—	Vie des Grands hommes	2
236	—	Les Confidences	2
259	—	Jocelyn	2
260bis	—	La Chute d'un ange	2
773	—	Geneviève	2
775	—	Héloïse et Abélard	2
1601	—	Benvenuto Cellini	2
1748	—	Raphaël	2
2110	—	Graziella	2
2551	—	Histoire de la Turquie, 8 vol.	2
67	—	Cours de littérature, 7 vol.	3
68	—	— familier de littérature, 12 vol.	3
216	—	Geneviève	3

Nos d'ordre			Série
230	Lamartine	Vie des Grands hommes, 4 vol.	3
255	—	Histoire de la Révolution de 1848, 2 vol.	3
259bis	—	Jocelyn	3
107	—	Histoire des Girondins, 3 vol.	4
272	—	Le Conseiller du peuple.	4
793	Lambert	Païenne.	2
18	Lamennais (de)	Le Livre du peuple	1
31	—	Du Passé et de l'Avenir du peuple.	1
142	—	Paroles d'un croyant.	1
3415	Lamiraudie	Une part de bonheur	2
3860	Lamothe	Les Faucheurs de la Mort, 2 vol.	2
1973	—	Cinq mois chez les Français en Amérique.	2
2527	Lamounette	Principes d'hygiène.	2
789	Lancelin	La Femme d'un autre	2
3657	—	Le Curé.	2
1	Landais	Dictionnaire français, 3 vol.	4
787	Landelle	Une haine à bord.	2
2097	—	Rouget et Noiraud.	2
4307	—	Les Passagères	2
4308	—	Les Coureurs d'aventures	2
51	Landrin	Les Plages de la France.	2
1591	—	Les Monstres marins	2
2877	Langlois	Lectures historiques.	2
2510	Lanier	L'Asie, 2 vol.	2
2637	Lano	La Cour de Berlin.	2
1463	Lanoye	Le Niger	2
1592	—	La Sibérie.	2
1598	—	L'Homme sauvage.	2
98	Lantier	Voyage d'Anténor, 5 vol.	1
3362	Lapaire et Roz.	La Bonne Dame de Nohant.	2
3283	Lapointe	Reine du faubourg	2
109	Laporte (M.)	L'Alsace reconquise.	2
2034	— (H.)	La Femme à cent sous	2
168	—	En Suisse, le sac au dos	3
2227	Larmaudie	Monsieur le Vidame.	2
228	Laroche	Œuvres de lord Byron.	2
17	Larochefoucauld	Maximes et réflexions morales.	1
52	Larroque	Eléments de philosophie.	3
4115	Lartigues	Hygiène des goutteux.	2
181	Las Cases	Mémorial de Ste-Hélène, 8 vol.	3
1351	Latouche	Léo.	2
2947	Latron	Petit Lazare	2
1309	Laugel	Les Etats-Unis pendant la guerre.	2
2254	Launay	Suzanne Dumanceau	2
1258	—	Les Sources du Nil	2
2994	—	— — —	2
4630	—	La Reine des Cambrioleurs	2
794	—	Discipline	2
132	Laurent de l'Ardèche	Histoire de l'Empereur Napoléon.	4
212	Laurès	Les Eaux de Néris.	3
2303	Laurie	De New-York à Brest.	2

Nos d'ordre			Série
3465	Laut.	Contes du cousin Zéphir	2
1310	Lavallée.	Histoire des Français, 4 vol.	2
1615	—	Les Frontières de la France.	2
4306	La Vallée.	Récits d'un vieux chasseur	2
1686	Lavedan	Lydie.	2
4709	—	Viveurs	2
1872	Lavergne.	Le Lieutenant Robert, 2 vol.	2
1311	Lavernade	Histoire de Sens	2
780	Lavigne	Roman d'une nihiliste.	2
3095	Lawrence	Honneur stérile	2
1522	Layet	Hygiène des Professions	2
4079	Lebeaumont	Loin du sillon.	2
4196	Leblanc (M.). . . .	Arsène Lupin	2
4247	—	Arsène Lupin contre Sherlock Holmès.	2
4270	—	L'Aiguille creuse.	2
4355	—	813. Arsène Lupin.	2
1417	Lebreton.	Hector Fieramosca.	2
1612	Lebrun.	Aventures et Conquêtes	2
206	—	Voyages du Capitaine Cook.	3
410	Lebris.	Les Constructions métalliques. . . .	3
2509	Leclercq.	Du Caucase aux Monts Altaï	2
4004	—	Voyage au Mexique.	2
4305	Lecomte	Les Pontons anglais.	2
238	—	La Chanson	4
2579	Leconte (Marie). . .	On ne pleure pas toujours	2
343	— (F.)	Mémoires d'un officier de marine, 2 vol.	3
3135	Le Coz (Mme) . . .	Sans mari.	2
1457	Leduc	La Russie contemporaine	2
361	Lefébure.	Broderies et dentelles.	3
770	Lefèvre	Paris en Amérique	2
3126	Lefort.	Les Mots de Voltaire	2
1605	Lefour.	Animaux domestiques.	2
1458	Lefranc	La République 1848-1852.	2
26	—	Le Livre d'or des Peuples, 6 vol. . . .	4
329	Leglouvet	L'Etude Chandoux.	2
3194	Le Goffic	Morgane	2
2536	—	Romanciers d'aujourd'hui.	2
3824	—	L'Erreur de Florence	2
148	Legouvé	Nos Filles et nos Fils.	2
180	—	Histoire morale des femmes.	2
223	—	L'Art de la lecture	2
2222	—	— —	2
771	—	Les Pères et les Enfants	2
2367	—	Béatrice	2
2410	—	Une Elève de 16 ans	2
3611	Legrand	L'Eau dormante.	2
1460	Le Grandais . . .	Physiologie des Employés du Ministère.	2
3005	Legras.	Au pays russe	2
4225	Leidens	Le Manuscrit de ma cousine.	2
4042	Lejeune	L'Ame victorieuse.	2
167	Lelouet	Démocratisation de la noblesse. . . .	2
3401	Le Maire	Le Rêve d'Antoinette	2

Nos d'ordre			Série
2581	Loti (P.)	Matelot.	2
2616	—	Madame Chrysanthème.	2
2721	—	Jérusalem.	2
2855	—	La Galilée	2
3621	—	Les Derniers Jours de Pékin.	2
4206	—	La Mort de Philae.	2
4369	—	Le Château de la Belle au Bois-Dormant.	2
4426	—	La Turquie agonisante.	2
4669	—	Ramuntcho.	2
131	Loubens	L'Encyclopédie morale, 3 vol.	4
177	Lostalot-Bachoué	Le Monde, 10 vol.	3
2956	Loyal	L'Espionnage allemand en France	2
1645	Ludwig	Entre ciel et terre.	2
3111	Luguet	Cœurs naïfs	2
1603	Lurine	Histoire de Lamartine.	2
207	Lyell	L'Ancienneté de l'homme.	3
349	Lytton	Les Derniers jours de Pompéi	2
791	—	— — —	2
383	—	Pisistrate Caxton, 2 vol.	2
384	—	Mon Roman, 2 vol.	2
385	—	Qu'en fera-t-il ? 2 vol.	2
386	—	le Dernier des barons, 2 vol.	2
2743	—	Rienzi, 2 vol.	2
3666	—	Eugène Aram, 2 vol.	2
4336	—	Jour et Nuit, 2 vol.	2

M

486	M. G. (Alexis)	Alexis Vrithoff	3
20	Mably	Entretiens de Phocion.	1
33	—	Des droits et des devoirs du citoyen	1
73	Macé (J.)	Histoire d'une bouchée de pain	2
74	—	Les Serviteurs de l'estomac	2
269	—	Théâtre du petit château.	2
1481	—	L'Arithmétique du Grand-papa	2
3159	—	Gibier de Saint-Lazare.	2
282	Machiavel	Le Prince	1
2374	Madelaine (De la)	Les Voisins de campagne	2
280	—	Les Voisins de campagne	3
886	—	Le Secret d'une renommée.	2
4216	—	Le Marquis de Saffras.	2
2380	Mael (P.)	Quand on aime.	2
2613	—	Honneur. Patrie.	2
2624	—	Charité	2
2638	—	Double vue	2
2729	—	Dernière pensée.	2
2732	—	Toujours à toi.	2
2738	—	Amour d'Orient.	2
3118	—	Bois d'Amour, 2 vol.	2
3151	—	Ce que femme peut	2

Nos d'ordre			Série
3213	Maël (P.)	Marc et Lucienne.	2
3301	—	Cendrillonnette.	2
3225	—	Cœur contre cœur	2
3408	—	Seulette	2
3493	—	Le Secret d'un ange, 2 vol.	2
3548	—	Le Mystère, 2 vol.	2
3609	—	Le Sous-marin « le Vengeur », 2 vol.	2
3731	—	Le Crime et l'Amour. Partage de cœur, 2 vol.	2
3765	—	Petite-fille d'Amiral.	2
3977	—	Le Pilleur d'épaves.	2
4062	—	Le Drame de Rosmeur	2
4254	—	Solitude	2
4392	—	La Roche-qui-Tue.	2
4626	—	Le Torpilleur 29	2
504	—	Cendrillonnette.	3
2483	Magbert	Les Lunettes bleues.	2
4202	—	Histoire d'un vaurien.	2
113	Magen	Histoire du second Empire	4
1795	Magendie (Lady de)	Sur la piste	2
78	Magnier	Fleurs des champs.	3
386	—	—	3
4309	Magnus	Les derniers Jours de la terre	2
2603	Mahalin	Mesdames de Cœur-Volant	2
3299	—	La Brigande, 2 vol	2
3318	—	Le Fils de Porthos, 2 vol.	2
4107	—	Les quatre Sergents de la Rochelle.	2
8	Maigne	Lectures variées sur les Sciences usuelles.	2
9	—	Arts et Manufactures, 3 vol.	2
10	—	Histoire de l'Industrie.	2
3448	Mainard	Une Cousine d'Amérique.	2
3815	—	L'Héritage de Marie-Noël.	2
3816	—	Les Millions du petit Jean.	2
1801	Maindron	Les Papillons.	2
3592	—	Blancador l'Avantageux.	2
3407	Mainguené	Drames de la Vie ouvrière.	2
3664	—	Deux Jumeaux.	2
2211	Mairet	Peine perdue.	2
2650	—	Némésis	2
3576	—	Jean Méroude.	2
2988	Maisonneuve	La Faute de Jeanne.	2
3305	—	Les Scrupules de Paule	2
3349	—	Louisette.	2
3425	—	Réhabilitée.	2
3432	—	Petites Vathier.	2
3755	—	Marquée.	2
50	Maistre (X. de)	Voyage autour de ma chambre.	1
91	—	Les Prisonniers du Caucase.	1
237	—	OEuvres complètes.	2
1848	Maizeroy	Petite Reine.	2
1850	—	Adorée.	2

N°ˢ d'ordre				Série
1880	Maizeroy		Souvenirs d'un Officier	2
2090	—		Dernière croisade	2
2364	—		Souvenirs d'un Saint-Cyrien	2
2449	—		La Belle	2
2594	—		Celles qu'on aime	2
3561	—		Trop Jolie	2
3914	—		Le Consolateur	2
4312	—		Amie de cœur	2
3370	Malapert		Aux jeunes gens	2
238	Malfilatre		Les Métamorphoses d'Ovide	3
4491	Malherbe		La Flamme au poing	2
3060	Mallat		La Comtesse Morphine	2
1277	Malte-Brun		Voyages en France	2
377	—		La France illustrée	4
842	Malot (H.)		Un Mariage sous le second Empire	2
843	—		La belle Madame Donis	2
844	—		Clotilde Martory	2
845	—		Romain Kalbris	2
846	—		Sans Famille	2
847	—		La Fille de la Comédienne	2
848	—		L'Héritage d'Arthur	2
849	—		Le Colonel Chamberlin	2
850	—		Ida et Carmélita. Madame Obernin	2
851	—		L'Auberge du monde, 2 vol.	2
852	—		Thérèse	2
854	—		Cara	2
857	—		Une Belle-Mère. Le Mariage de Juliette, 2 vol.	2
859	—		La petite Sœur, 2 vol.	2
860	—		Pompon	2
861	—		Le Docteur Claude, 2 vol.	2
862	—		Les Amours de Jacques	2
863	—		Marichette	2
864	—		Micheline	2
866	—		Une Bonne affaire	2
868	—		Sang bleu	2
869	—		Baccarat	2
870	—		Zite	2
1356	—		Comté du Pape	2
1357	—		Marié par les Prêtres	2
1357ᵇⁱˢ	—		Un bon Jeune homme	2
1358	—		Un Curé de Province	2
1359	—		Un Miracle	2
1361	—		Les Epoux	2
1362	—		Les Enfants	2
1382	—		Suzanne	2
1383	—		Miss Clifton	2
1440	—		La Bohême tapageuse, 3 vol.	2
1448	—		Le Mari de Charlotte	2
1729	—		Vices français	2
1753	—		Millions honteux	2
1921	—		Ghislaine	2

Nos d'ordre			Série
1956	Malot (H.)	Mondaine.	2
1988	—	Justice et Conscience, 2 vol.	2
2059	—	Mariage riche.	2
2076	—	Mère.	2
2570	—	Capi et sa troupe	2
2634	—	En famille, 2 vol.	2
2697	—	Amours de jeune	2
3107	—	Amours de vieux	2
3440	—	Les Besogneux, 2 vol.	2
3968	—	Anie.	2
4341	—	Le Lieutenant Bonnet	2
1846	Malot (Mme H.)	Folie d'Amour	2
3355	—	Sa Fille	2
2293	Manteuffel	Laura	2
797	Manzoni	Les Fiancés, 2 vol.	2
879	Maquet	Le beau d'Angennes.	2
1386	—	La Maison du baigneur, 2 vol.	2
2834	—	L'Envers et l'endroit, 2 vol.	2
3499	—	La Belle Gabrielle, 3 vol.	2
230	—	La Maison du Baigneur	4
878	—	— —	4
313	—	Histoire de la Bastille.	4
230	Marandet	La vraie Farce de Maître Pathelin	1
24	Marat.	Les Chaînes de l'esclavage.	4
275*bis*	Marbot	Mémoires du Général Marbot, 3 vol.	3
2494	Marc	Liaudette.	2
1671	Marcel (E.)	Grand'mère.	2
1674	—	Aventures d'Andrée.	2
1995	—	Dymitri le Cosaque, 2 vol.	2
2188	—	Elle et moi	2
2295	—	Pauvre Jean-Marie	2
2987	—	Point d'honneur.	2
3341	—	Le Berceau	2
3034	Marcel (J.)	Un bon gros Pataud.	2
153	Marcel	Famille du Baronnet	3
2772	Marcelin.	Souvenirs de la vie parisienne.	2
2320	Marcelly	Le Marquis de Villarneuil	2
2359	—	La Conquête de Marie.	2
241*bis*	Marchall	La Patrie en danger.	3
2823	Marchand	La Nuit de la Toussaint	2
1802	Marche	Trois voyages dans l'Afrique occidentale	2
3361	Marchi (De)	Demetrio Pianelli.	2
3660	Marcoy (P.)	Scènes et Paysages dans les Andes.	2
2885	Maréchal	Chronologie	2
875	Maréchal (M.)	La dette de Ben Aïssa.	2
907	—	La Roche Noire	2
1810	—	Béatrice	2
2344	—	La Famille Tholozan.	2
2860	—	L'Institutrice à Berlin, 2 vol.	2
3003	—	Maison modèle	2
3452	—	Le Parrain d'Antoinette.	2
3542	—	Sabine de Rivas.	2

Nos d'ordre			Série
152	Maréchal (M.) . . .	L'Hôtel Voronzof.	3
3509	Maréchal de Bièvre.	Tante Bébé	2
3541	—	Destinée d'Amour.	2
3724	—	Cousine Ma-Mie.	2
3834	—	Reine Bicyclette	2
3941	—	Un mari en loterie	2
4017	Maret	Confessions d'une jolie femme.	2
36	Margollé et Zurcher.	Les Météores	2
37	—	Trombes et Cyclones	2
41	—	Volcans et Tremblements de terre. . .	2
42bis	—	Les Glaciers	2
101	—	Histoire de la navigation	2
3011	Margueritte (P. et V.)	La Pariétaire.	2
3383	—	Le Poste des neiges.	2
3471	—	Braves gens. La Commune, 3 vol. . . .	2
3640	—	Le Jardin du Roi	2
4136	—	Vanité.	2
4037	—	Prostituée	2
4613	—	Zette.	2
3536	Margueritte (P.) . .	L'Eau qui dort	2
4189	—	Les pas sur le sable	2
4190	—	Les jours s'allongent	2
4437	—	Les sources vives.	2
4452	—	Nous, les Mères.	2
4473	—	L'Autre lumière.	2
4477	—	L'Embusqué	2
4494	—	Jouir, 2 vol.	2
4246	Margueritte (V.)	Le Talion.	2
4492	—	La Terre natale.	2
4549	—	Un Cœur farouche	2
814	Maricourt (De) . . .	Les Deux chemins.	2
4344	—	Souvenirs d'une hirondelle.	2
2880	Mariéjol.	Lectures historiques	2
221	Mario et Launay. . .	Les drames de l'Inquisition, 4 vol. . . .	4
26	Marion.	L'Optique	2
1593	—	Merveilles de la végétation	2
80	Marivaux.	Œuvres choisies	1
903	Marlitt	La Dame aux pierreries, 2 vol.	2
2006	—	La Maison des Hiboux, 2 vol.	2
3610	—	La petite Princesse des Bruyères, 2 vol.	2
3642	—	Seconde femme, 2 vol.	2
302	—	—	3
3856	—	Elisabeth aux cheveux d'or, 2 vol. . .	2
4177	—	Barbe-Bleue	2
4269	—	Gisèle comtesse de l'Empire, 2 vol. . .	2
4511	—	Le Secret de la vieille Demoiselle. . . .	2
543	—	—	3
154	—	—	3
4650	—	La Maison Shilling, 2 vol.	2
746	Marmier	Nouvelles Danoises	2
1381	—	L'Avare et son trésor	2
1432	—	Mémoires d'un Orphelin	2

Nos d'ordre			Série
2462	Marmier	Le Roman d'un héritier.	2
2493	—	Hélène et Suzanne	2
2753	—	A travers les Tropiques.	2
3273	—	Aventures d'une colonie d'émigrants en Amérique	2
271	Marmontel.	Les Incas, 2 vol.	1
897	Martignat	Une petite nièce d'Amérique	2
1658	—	Manoir d'Yolan	2
2636	—	L'Héritière de Maurivèse	2
110	Martin (H.).	Jeanne d'Arc.	1
110	—	—	2
815	Martin (Anna)	Apprenti et Maître.	2
2548	Martin (Alexis)	Tout autour de Paris, 2 vol.	2
1313	Martin (Henri)	Daniel Manin	2
108	—	Histoire de France, 6 vol.	4
261	Marville.	Mariage aux roses.	1
267	Mary (J.)	Amour d'enfant, amour d'homme.	1
269	—	Le Boulet d'or.	1
883	—	Les faux mariages.	2
1959	—	Coup de révolver	2
2158	—	Mariage de confiance.	2
2235	—	La Fiancée de Jean-Claude.	2
2382	—	Deux amours	2
2413	—	La Course au bonheur.	2
2864	—	Pantalon rouge, 2 vol.	2
3250	—	Mortel outrage, 2 vol.	2
3489	—	Fruit défendu, 2 vol.	2
3496	—	Roman du mari, 2 vol.	2
3719	—	La bande des Trois	2
3719	—	Les Briseurs de chaînes.	2
4015	—	Roule-ta-bosse.	2
4065	—	Roger-la-Honte.	2
4631	—	La Goutte de sang, 2 vol.	2
898	Maryan	Mademoiselle de Kervallez	2
899	—	La fortune des Montligné.	2
900	—	Primavera.	2
901	—	Un mariage de convenances	2
902	—	Kate.	2
1793	—	Petite Reine.	2
1836	—	Huberte	2
2095	—	Erreur d'Isabelle.	2
2096	—	Rosa Trévern	2
2625	—	Dans un vieux logis	2
2852	—	Une Cousine pauvre	2
2963	—	Roman d'une héritière	2
2972	—	Maison de famille	2
3070	—	Mystère de Kerhir	2
3315	—	Odette.	2
3174	—	Les Tuteurs de Mérée.	2
3291	—	Ma cia de Laubly	2
3336	—	Annunziata	2
3402	—	L'Epreuve de Minnie	2

Nos d'ordre			Série
1517	MASSON	Les Lectures en famille	2
1766	—	Daniel le lapidaire	2
3444	MATERN.	Nouvelles de Wilhem Hauff	2
889	MATTHEY	Un Gendre	2
891	—	Le Mariage d'Odette.	2
892	—	La Princesse Belladone	2
892	—	La Belle fille	2
2842	—	Jean-la-Flegme	2
71	—	Le pendu de la Baumette	4
3699	MAUCLAIR (C.) . . .	Le soleil des Morts	2
1346	MAUPASSANT	Une Vie	2
1789	—	Pierre et Jean	2
2010	—	Fort comme la mort.	2
2024	—	Bel-Ami.	2
2206	—	Notre Cœur	2
2451	—	Miss Helyett	2
2593	—	Mademoiselle Fifi.	2
2654	—	Maison Tellier	2
3813	—	Le Colporteur.	2
4710	—	L'Héritage	2
1565	MAURY	Le Monde où nous vivons.	2
375	MAURIN.	Révolution française, 5 vol.	4
4154	MAYAC.	Cendra.	2
2221	MAYER	Souvenirs d'un déporté	2
4310	MAYNARD.	Un drame dans la mer boréale	2
818	MAYNE-REID	L'Habitation du désert.	2
819	—	Les Grimpeurs de rochers.	2
821	—	Le Chasseur de plantes	2
822	—	Les Chasseurs de girafes	2
823	—	Les Exilés dans la forêt.	2
825	—	Les Chasseurs d'Ours.	2
826	—	A la mer.	2
827	—	Le désert d'eau	2
828	—	Les Naufragés de l'Ile de Bornéo. . . .	2
830	—	Les Vacances des jeunes Boers.	2
832	—	Le doigt du Destin	2
833	—	Les deux filles du Squatter.	2
834	—	Le Roi des Séminoles	2
835	—	Les Peuples étranges	2
836	—	Les jeunes Voyageurs	2
837	—	Les Robinsons de terre ferme.	2
839	—	La Montagne perdue	2
840	—	Petits loups de mer	2
841	—	Les Planteurs de la Jamaïque	2
1364	—	Jeunes esclaves.	2
1365	—	La Piste de guerre	2
1443	—	Le Chef au Bracelet d'or.	2
2781	—	La Quarteronne.	2
4314	—	Les Marrons de la Jamaïque, 2 vol. . . .	2
151	—	Les Emigrants du Transwaal	2
821	—	Les Chasseurs de plantes	4
1270	MEIGNAN (V.). . . .	De Paris à Pékin	2

N⁰ˢ d'ordre			Série
3870	Meilhac et Halévy.	Théâtre, 6 vol.	2
1555	Meindre	Abrégé d'Histoire ancienne	2
1700	Mélandri.	La Faute d'Yvonne	2
3197	—	Bistouri.	2
3770	—	Le Roman de Claudine.	2
4200	—	Le Capitaine Henriot.	2
2807	Melville.	Les Gladiateurs, 2 vol.	2
816	Ménard	Héritage du Comte de Marcelly. . . .	2
1512	Menault.	L'Intelligence des animaux	2
3382	Menthon (De). . . .	Autour du monde.	2
292	Mérac	Contes de nos aïeux.	4
1521	Mérimée (P.). . . .	Episodes de l'Histoire de Russie . . .	2
893	Mérouvel (Ch.). . .	Caprices des Dames.	2
895	—	Le Roi Crésus.	2
1945	—	Abandonnée, 2 vol.	2
2296	Mérouvel (C.) . . .	Fleur de Corse.	2
2439	— . . .	La Maîtresse de Monsieur le Ministre. .	2
2459	— . . .	Madame la Marquise	2
2469	— . . .	Les Trémor, 2 vol.	2
2627	— . . .	Le Roi Milliard	2
3022	— . . .	Thérèse Valignat	2
3134	— . . .	Fièvre d'or	2
3188	— . . .	La Roche sanglante	2
3249	— . . .	Damnée, 2 vol.	2
3303	— . . .	Misère et Beauté, 2 vol.	2
3510	— . . .	Deux Passions, 2 vol.	2
3632	— . . .	Ville maudite, 2 vol.	2
3734	— . . .	Les Vautours, 2 vol.	2
3895	— . . .	Chaste et flétrie.	2
3910	— . . .	Le Val aux Biches.	2
3992	— . . .	Sang rouge et sang bleu.	2
4022	— . . .	La Fille sans nom.	2
4032	— . . .	Monsieur le Marquis	2
553	— . . .	La Fille sans nom.	3
205	Merruau	Voyage de Christophe Colomb.	2
798	Méry.	Eva.	2
799	—	La Floride	2
800	—	Guerre du Nizam	2
801	—	Le dernier fantôme	2
802	—	Les Damnés de l'Inde	2
803	—	Monsieur Auguste.	2
804	—	Le Château de la Favorite	2
806	—	Les journées de Titus	2
2174	—	L'Ecole où l'on s'amuse	2
3029	—	Une nuit du midi.	2
3237	—	Nuits Italiennes.	2
2895	Métivier	Loire-Inférieure.	2
4584	Metternich	Souvenirs de la Princesse	2
11	Meunier (V.)	La Science et les Savants en 1864. . . .	2
65	Meunier.	Les grandes Pêches	2
66	—	Les grandes Chasses	2
2176	—	Miracle.	2

Nos d'ordre			Série
72	Molière	Théâtre de Molière, 8 vol.	1
72	—	Pièces.	2
2267	Mon (de)	Vie fatale.	2
2514	Monceaux	Apulée, roman et magie.	2
72	—	Conférences faites à Auxerre	3
376	—	Classiques populaires. Racine.	3
97	Moncel (du)	Le Téléphone	2
33	—	Applications de l'électricité, 2 vol.	3
2282	Monestier	Yvonne	2
1479	Monnier	Pompéi et les Pompéiens.	2
2822	—	La Camora.	2
3002	Monnier de Lamotte	Loin du bonheur	2
2810	Monselet	François Soleil.	2
1604	Montanelli	Mémoires sur l'Italie, 2 vol.	2
1974	Montano	Voyage aux Philippines.	2
1561	Montégut	Souvenirs de Bourgogne.	2
2299	—	—	2
3820	—	L'Usurier.	2
880	Monteil	Les Petites Mariées.	2
1934	—	Jean des Galères	2
2100	—	Grande Babylone.	2
2595	Montépin	L'Officier de fortune, 2 vol.	2
2703	—	Les Débuts d'une Etoile	2
2787	—	Geneviève Galiot	2
3310	—	Sa Majesté l'Argent, 5 vol.	2
3310bis	—	Son Altesse l'Amour, 6 vol.	2
3214	—	La Marchande de fleurs, 4 vol.	2
3281	—	Les deux Alice, 4 vol.	2
3360	—	Mariage de Léone, 4 vol.	2
3656	—	Un Amour de grande dame	2
3925	—	Marâtre, 6 vol.	2
3991	—	Les Filles du Saltimbanque.	2
4110	—	Les Viveurs de Paris	2
4342	—	Les Valets de cœur.	2
233	—	Le Fiacre 13.	4
318	—	Les Tragédies de Paris, 2 vol.	4
51	Montesquieu	Montesquieu	1
52	—	Lettres persanes	1
1537	—	Grandeur et Décadence des Romains.	2
112	—	Des Causes de la grandeur et de la décadence	1
3306	Montet	Le Noir et le Bleu.	2
3317	Monthéas (de)	Fier Sicambre.	2
307bis	—	Petit Pierre.	3
3598	Montis (R.)	La Fiancée Boër.	2
3891	Morand	Le Roman de Paris	2
2315	Morboy	Sacrifices.	2
3342	Moreau-Vautier	Le Sentier du mariage.	2
3526	—	L'Un ou l'Autre.	2
4711	Moreau (Hégésippe)	Œuvres	2
2345	Morel (E.)	L'Ignorance acquise.	2
3478	—	Muets aveux	2

Nos d'ordre			Série
4415	Nolhac (P. de) . . .	La reine Marie-Antoinette.	2
2929	Nollet.	Lettres choisies de Chateaubriand	2
2093	Noriac.	Falaise d'Houlgate. Comtesse de Bruges, 2 vol.	2
3274	—	101ᵉ Régiment.	2
3693	—	Journal d'un flâneur.	2
908	Normand.	La Vie de Paris.	2
915	—	La Madone	2
378	—	Les Mémorialistes.	3
190	Norvins	Histoire de Napoléon, 4 vol.	3
2841	Noussanne	Robert Villon.	2
3995	Noville	Le Trésor de Mirande	2
1470	Nus (Eug.).	Nos Bêtises.	2
2301	—	Les Grands Mystères	2
2302	—	Choses de l'autre monde.	2

O

918	Ohnet (G.).	Le Maître de Forges.	2
919	—	Serge Panine.	2
920	—	La Comtesse Sarah	2
921	—	Lise Fleuron	2
922	—	Noir et Rose.	2
1660	—	La Grande Marnière.	2
1661	—	Les Dames de Croix-Mort.	2
1813	—	Le Docteur Rameau.	2
1968	—	Volonté	2
2058	—	Dernier amour.	2
2154	—	L'âme de Pierre.	2
2332	—	Dette de haine	2
2442	—	Nemrod et Cie.	2
2571	—	Le Lendemain des Amours.	2
2635	—	Le Droit de l'Enfant.	2
2700	—	La Dame en gris.	2
2943	—	L'Inutile richesse	2
2979	—	La fille du Député.	2
3104	—	Le Curé de Favières.	2
3186	—	Le Roi de Paris	2
3229	—	Au fond du gouffre	2
3313	—	Gens de la noce.	2
3413	—	Le Brasseur d'affaires.	2
3455	—	Le Crépuscule.	2
3511	—	La Marche à l'amour	2
3597	—	Marchand de poisons, 2 vol	2
3752	—	Le Chemin de la Gloire.	2
4126	—	Cœurs en deuil	2
4150	—	La Route rouge	2
4339	—	Les Vieilles rancunes	2
4397	—	La Serre de l'Aigle	2
4413	—	Le Revenant	2

N^{os} d'ordre			Série

P

Nos d'ordre			Série
38	Passy	Economie politique, 3 vol.	3
3097	Paul.	Un Anglais amoureux.	2
4316	—	Les Duels de Valentin.	2
1336	Paumier	Mémoires d'un Protestant.	2
929	Pavie	Récits de Terre et de Mer.	2
930	—	Scènes et Récits d'outre-mer.	2
2249	Peladan	Curieuse.	2
939	Pellerin.	Le Roman d'un blasé.	2
114	Pelletan.	Décadence de la Monarchie française.	1
186	—	Le Monde marche	2
187	—	Droits de l'homme.	2
202	—	Jarousseau, pasteur du désert.	2
1489	—	Profession de foi du xixe siècle	2
2714	—	1815 à nos jours	2
2922	—	Le Grand Frédéric.	2
547	—	Les Guerres de la Révolution	3
2955	Pemjean	Cent ans après.	2
937	Pène.	Trop belle	2
2977	Pensa	L'Egypte et le Soudan égyptien	2
265	Pépin	Du Caucase aux Indes.	4
234	Perceval.	Un Beau mariage	2
1867	—	Ennemi de Madame.	2
2094	—	La Maîtresse de M. le Duc.	2
2129	—	Monsieur le Maire.	2
185	Perdiguier.	Comment constituer la République.	2
1553	—	Histoire démocratique des Peuples, 5 vol.	2
3365	Péréda (de)	Sotileza	2
57	Perrard.	Logique classique.	3
3615	Perrault.	Miguy	2
4205	—	Contes des Fées	2
3372	Perrens	Littérature française au xixe siècle.	2
1851	Perret.	Sœur Sainte-Agnès.	2
2113	—	Les Enervés.	2
2114	—	L'Ame murée.	2
2201	—	Le Saint de bois.	2
3169	—	Les Demoiselles de Liré	2
3298	—	Thérèse Vaubécourt.	2
55	Perrez.	L'Art de gouverner.	3
1339	Périer (Casimir)	Les Finances et la Politique.	2
3051	Perrières (Des).	Mémoires d'un sceptique	2
3459	Perrin (J.).	Le Siège de Sens.	2
3348	Perrin (M.)	Une Fille à marier	2
4533	Perrochon	Nène.	2
4565	—	La Parcelle 32.	2
934	Perron.	Glaive des couronnes	2
1263	Perron d'Arc.	Voyage en Australie	2
368	Perrot.	Dictionnaire de Géographie, 2 vol.	4
3980	Pert.	Les Rivales légitimes.	2
3230	Pertuiset.	Trésor des Incas à la Terre de Feu.	2
262	Pertus.	Gaule et Rome	2
1721	Pervenche	Suzanne Martinet.	2
935	Pessard	Les Gendarmes.	2

Nos d'ordre			Série
138	Petit	La Conversion de M. Gervais.	4
2541	Petit (A.)	L'Art de s'assurer	2
1606	Petit (M.)	Les Sièges célèbres.	2
1616	—	— — —	2
1437	Peyrebrune.	Mlle de Trémor.	2
1752	—	Une séparation	2
1770	—	Margotte.	2
1861	—	Les Femmes qui tombent	2
2435	—	Roman d'un Bas-bleu.	2
2633	—	Celui qui revient	2
2740	—	Laquelle	2
3953	—	Les Trois Demoiselles.	2
2473	Pharamon	Spahis et Turcos.	2
2316	Pichon.	L'Amant de la Morte	2
274	Pichot.	Contes de Dickens	2
274bis	—	Contes de Noël	2
876	—	John Halifax, 2 vol.	2
877	—	Maîtresse et servante	2
2522	Pichot.	Les Mormons.	2
3486	—	Le Mari d'Agathe.	2
3670	—	Olivia, 2 vol	2
1502	Picq (Du).	Etudes sur le combat	2
2151	Pierre.	Miss Adda.	2
1452	Pierron	Vie des Hommes illustres	2
2526	Pietroso.	Les Américains chez eux	2
3812	Pinard.	Le Cocher Etienne.	2
203	Piotrowski.	Souvenirs d'un Sibérien.	2
4112	Pirmez.	Rémo.	2
87	—	Feuillées.	3
81	Piron	La Métromanie	1
1785	Pissensky	Dans le tourbillon.	2
2258	Pitray (De).	Robin des Bois.	2
2317	—	Le trait d'union	2
2487	—	L'Arche de Noé.	2
2662	—	Le Château de la Pétaudière.	2
2689	—	Les Débuts du gros Philéas	2
2704	—	Voyages abracadabrants du beau Philéas	2
3177	Plessy.	Mariage de Léonie.	2
3562	—	Chemin montant	2
146	Plutarque	Les Vies des Hommes illustres, 16 vol.	1
273	—	— — — — 2 vol.	4
2066	Poé (Edgard).	Histoires extraordinaires	2
3959	—	Aventures d'Arthur Gordon Pym.	2
232	Poiret.	Six semaines de vacances.	3
3669	Poirier	Aveu suprême.	2
940	Poitevin.	Un roman de province.	2
3000	—	Diana Norville.	2
233	Poitou.	Souvenirs d'Espagne	3
3461	Poivet.	La Majorité de Germaine	2
932	Poli.	Nouvelles morales et religieuses	2
75	Pomier.	L'Oculiste à la maison.	2

Nos d'ordre			Série
223	Prévost (l'Abbé)	Histoire de Manon Lescaut.	1
3676	—	— — —	2
2433	Prévost (Marcel)	Lettres de femmes	2
3132	—	Nouvelles lettres de femmes.	2
3546	—	Chonchette.	2
3604	—	Les Demi-vierges.	2
4147	—	Cousine Laura	2
4207	—	Les Vierges fortes : Frédérique	2
4208	—	— — Léa.	2
4370	—	Femmes	2
4374	—	Lettres à Françoise, 3 vol.	2
4534	—	La Nuit finira, 2 vol.	2
4620	—	Nouvelles lettres à Françoise.	2
502	—	Mlle Jaufre.	3
503	—	Cousine Laura	3
189	Prévost-Paradol	La France nouvelle	2
3690	Price	Historiettes.	2
1627	Prompt	Jeu public : Monaco.	2
2803	Proudhon	Qu'est-ce que la propriété ?	2
1519	Propiac	Les Beautés de Paris, 2 vol.	2
4462	Psichari	Terres de soleil et de sommeil.	2
1473	Puérari	La question sociale.	2

Q

3295	Queyssie (De la)	Bonnes gens	2
3566	—	Acte de raison	2
4164	Queux (W. le)	Coupable ?	2
4168	Quilicus (Albertini)	Chercheur d'amour	2
3363	Quillardet (A.)	Suédois et Norvégiens chez eux.	2
35	Quinet (E.)	Enseignement du peuple.	1
191bis	—	La République	2
192	—	L'ultramontanisme	2
193	—	Œuvres complètes	2
194	—	L'esprit nouveau	2
1589	—	Le sentier de France	2
58	—	La création, 2 vol.	3
62	—	Livre de l'Exilé.	3
2903	Quinet (Mme E.)	La France idéale	2
3380	—	Cinquante ans d'amitié	2

R

154	Rabelais	Œuvres, 2 vol.	1
283	—	Œuvres, 6 vol.	1
965bis	Rabusson	Dans le monde.	2
1966	—	Epousée	2
82	Racine	Esther. Athalie	1

Nos d'ordre			Série
1505	RÉMUSAT (Mme DE) .	Essai sur l'éducation des femmes. . . .	2
4371	RENAN.	Souvenirs d'enfance	2
396	—	l'Abbesse de Jouarre	3
27	—	La Vie de Jésus.	4
1487	RENARD	Les Phares	2
204	RENAUD.	L'Héroïsme	2
83	RENDU	Culture du sol	2
85 bis	—	Culture des Plantes	2
1582	—	Mœurs pittoresques des insectes . . .	2
4676	RESTIF DE LA BRE-TONNE	La Vie de mon Père.	2
2329	REUSS	Vouloir c'est pouvoir, 2 vol.	2
3241	REUTER.	En l'année 1813.	2
3502	RÉVAL	Lycée de jeunes Filles, 3 vol.	2
3750	—	Notre-Dame-des-Ardents.	2
965	RÉVILLON.	La Belle Jeunesse de François Lapalude.	2
1875	—	Faubourg St-Antoine	2
3818	—	Bourgeoise pervertie	2
950	RÉVOIL.	Le Roi d'Oude.	2
3988	—	Les Harems du Nouveau-Monde. . . .	2
4320	—	Les Parias du Mexique.	2
2383	REYAC	Claudie.	2
942	REYBAUD	Le Cadet de Colobrières	2
958	—	Jérôme Paturot	2
959	—	—	2
960	—	Le Coq du clocher.	2
1421	—	L'Oncle César	2
1799	—	La Dernière Bohémienne	2
45	REYNAUD	Philosophie religieuses. Terre et ciel. .	3
56	—	L'Esprit de la Gaule.	3
74	—	Lectures variées.	3
259	REYNTIENS	Enseignement professionnel en Angle-terre	3
4678	RHAÏS (Elisa). . . .	Les Juifs ou la Fille d'Eléazar	2
3760	RIBALLIER.	Philibert	2
2791	RICARD.	Anselme et Célestine	2
1466	RICCOUS	Bougainville	2
2	RICHARD	Origine et fin des mondes	1
67	—	Etude du cheval.	2
961	—	La dame rousse	2
3981	—	L'Arbicot.	2
4056	RICHE	Le Marchepied	2
92	RICHEBOURG.	Contes d'été, 11 vol.	1
1730	—	Grand'mère, 3 vol.	2
2985	—	Le Secret d'une tombe, 2 vol.	2
3484	—	Le Fils, 2 vol.	2
3638	—	Le Million du Père Raclot	2
435	—	La Fille maudite	3
437	—	La Dame voilée	3
229	—	Andréa la Charmeuse.	4
266	—	La Fille maudite	4
2033	RICHEL.	La Fée aux Crabes.	2

Nos d'ordre			Série
1652	Rod	Côte à côte. Les Protestants.	2
2552	—	Le Sens de la Vie.	2
2872	—	Dernier refuge.	2
2924	—	La Vie privée de Michel Teissier. . .	2
2925	—	La Seconde vie de Michel Teissier. . .	2
3020	—	L'Innocente.	2
3416	—	Mlle Annette	2
4148	—	L'Indocile	2
354	—	Dante	3
86	Rodigas	Culture maraîchère.	2
58	Rodin	Plantes médicinales et usuelles	2
2166	Roguelin.	L'Etreinte.	2
3649	—	Jacques Moreau	2
148	Roland (Mme). . .	Mémoires, 2 vol.	1
115	Rolland (Ch.) . . .	Histoire de la Maison d'Autriche . . .	1
952	— . . .	Le Fils de Tantale.	2
2971	— . . .	Sous les galons.	2
311	— . . .	Etudes préhistoriques.	4
4118	Rolland (Romain) .	Jean Christophe, 4 vol.	2
4716	— .	Clérambault	2
1572	Rondelet	Mémoires d'Antoine.	2
1764	Roosevelt	Reine du cuivre.	2
2369	Roquelaure	Les Aventures du duc de Roquelaure, 3 vol	2
3872	Roret	Manuel, 2 vol.	2
3297	Rosny	Une Rupture	2
3405	—	L'Aiguille d'or	2
3442	—	Une Reine	2
3544	—	Le Roman d'un cycliste.	2
3794	—	Le Docteur Harambur.	2
3809	—	Les Profondeurs de Kyamo.	2
4050	—	Sous le fardeau.	2
4499	Rosny (aîné)	Et l'amour ensuite	2
4550	—	Le Chemin d'amour	2
4728	—	Une jeune fille à la page.	2
4729	—	La Juive	2
3206	Rostand	Cyrano de Bergerac.	2
3356	—	L'Aiglon	2
4714	—	Chantecler	2
2962	Rouaix.	L'Agent XIII	2
4113	Rouget.	La Faute de Jeannine	2
266	Rouquette	Le Crime de Solier	1
65	Rousseau (J.-B.) . .	Odes, Cantates, Poésies, 2 vol.	1
36	Rousseau (J.-J.) . .	Contrat social.	1
37	— . .	Inégalités parmi les hommes.	1
38	— . .	Emile ou de l'Education	1
158	— . .	La Nouvelle Héloïse.	1
2286	— . . .	— —	2
4347	— . . .	— — 4 vol.	2
75	— . .	OEuvres, 4 vol.	3
967	Rousselane.	La Faute de la Comtesse.	2
357	Rousselet	Le Charmeur de serpents	3

S

Nᵒˢ d'ordre				Série
3427	Sales (Pierre)	. . .	Les Habits rouges, 2 vol.	2
3495	—	. . .	L'Oiseau de luxe, 2 vol.	2
3735	—	. . .	Les Rois du monde, 2 vol.	2
4121	—	. . .	Chaîne dorée, 2 vol.	2
4617	—	. . .	Le Haut du pavé.	2
4618	—	. . .	Marthe et Marie.	2
4623	—	. . .	La Fée du Guildo, 2 vol.	2
4624	—	. . .	Sacrifiée, 2 vol.	2
4635	—	. . .	Miracle d'amour, 2 vol.	2
2392	Saliniac	. . .	Fleurs de l'Inde.	2
265	Salmon	. . .	Le Massacre de la mission Flatters.	1
1557	Salvaudy.	. . .	Histoire du roi Jean Sobiesky	2
3956	Saman	. . .	Gertrude.	2
4088	—	. . .	Enchantement de Prudence	2
1863	Samanos	. . .	La Vie qui brûle	2
3312	Samson	. . .	Temps d'épreuves.	2
999	Sand (G.)	. . .	La Dernière Aldini	2
1000	—	. . .	Le Péché de M. Antoine, 2 vol.	2
1001	—	. . .	Nanon	2
1002	—	. . .	Jean de la Roche.	2
1003	—	. . .	La Marquise	2
1004	—	. . .	Un Hiver à Majorque	2
1006	—	. . .	François le Champi	2
1007	—	. . .	Valvèdre.	2
1008	—	. . .	La Petite Fadette	2
1009	—	. . .	André	2
1011	—	. . .	Consuelo, 3 vol.	2
1012	—	. . .	Mauprat	2
1013	—	. . .	Le Dernier amour.	2
1014	—	. . .	Le Marquis de Villemer	2
1015	—	. . .	Le Meunier d'Angibault.	2
1016	—	. . .	Simon	2
1019	—	. . .	Compagnon du tour de France, 2 vol.	2
1020	—	. . .	La Ville noire.	2
1021	—	. . .	Les Maîtres souneurs	2
1022	—	. . .	L'Homme de neige, 3 vol.	2
1023	—	. . .	La Filleule.	2
1024	—	. . .	Les Dames vertes	2
1025	—	. . .	Jeanne	2
1026	—	. . .	Indiana.	2
1027	—	. . .	Tamaris	2
1028	—	. . .	Les Beaux Messieurs de Bois-Doré, 2 vol.	2
1029	—	. . .	Le Diable aux champs	2
1030	—	. . .	Le Beau Laurence.	2
1031	—	. . .	Antonia	2
1032	—	. . .	La Comtesse de Rudolstad, 2 vol.	2
1033	—	. . .	Narcisse	2
1034	—	. . .	La Famille de Germandre	2
1035	—	. . .	Mlle La Quintinie	2
1036	—	. . .	Constance Verrier.	2
1037	—	. . .	Mont-Revêche	2
1366	—	. . .	La Mare-au-diable.	2

<table>
<tr><td>N^{os}
d'ordre</td><td></td><td></td><td>Série</td></tr>
</table>

N°	Auteur	Titre	Série
280	SAVATIER-LAROCHE	Fables et Contes	2
1474	—	Quelques profils parlementaires	2
1611	—	Affirmations et Doutes	2
46	—	Tablettes romaines	3
95	SCARRON	Le Roman comique	1
1663	SCHEFFTER	César Borgia, 2 vol.	2
2783	—	Vhitefriars	2
86	SCHILLER	Les Brigands	1
121	—	Guillaume Tell, 2 vol.	1
1550	SCHMID	Œuvres choisies, 2 vol.	2
157	SCHŒLCHER	Le Deux-Décembre	1
2475	SCHOLL	Paris aux cent coups	2
367	SCHRADER	Nouvelle Géographie 1891	3
367	—	— 1892-1893, 2 vol.	4
1099	SCHUBIN	L'Honneur	2
3098	—	Gloria Victis	2
116	SCHULTZ-DELITZSCH	Cours d'Economie politique, 2 vol.	2
4425	SCHULTZ (Jeanne)	La Neuvaine de Colette	2
2512	SCHURÉ	Les Grandes Légendes de France	2
161ter	SCOTT (W.)	Guy Mannering ou l'Astrologue, 3 vol.	1
4195	—	Quentin Durward (Adaptation de M. Guéchot)	2
161	—	Œuvres, 13 vol.	3
1089	SCRIBE	Piquillo-Alliaga, 3 vol.	2
3648	—	Les Trois Maupin	2
4093	—	Valérie	2
453	—	Théâtre	3
992	SECOND	A quoi tient l'amour	2
2790	—	La Semaine des quatre Jeudis	2
2829	—	La Demoiselle de Ronçay	2
281	SÉE	Bertrand Duguesclin	4
2450	SÉGALAS	Le Mariage dangereux	2
1797	SÉGRAVE	Marmone	2
30	SÉGUIN	Cours de Physique	2
1094	SÉGUR (Csse DE)	L'Auberge de l'Ange-Gardien, 2 vol.	2
1096	—	La Fortune de Gaspard	2
2942	—	Mauvais Génie	2
2967	—	La Sœur de Gribouille	2
2968	—	François le Bossu	2
3671	—	Les Mémoires d'un âne	2
194	SÉGUR (Génal comte DE)	Histoire de la Grande Armée	3
2403	SEGNOBOS	Extraits historiques	2
224	SEIGNILLY	L'Influence de l'Education	2
1782	SÉMEZIES	L'Impasse	2
3707	SÉMON	Petites Femmes de régiment	2
3394	SÉRAO	Sentinelles, prenez garde à vous	2
546	SÉRIS	Le Chemin de fer du Pacifique	3
3556	SERMET	La Violette bleue	2
2078	SERVEN	L'Enfant d'une Vierge	2
3921	SERVIÈRE	Plus fort que tout	2
268	SHAKESPEARE	Hamlet	1

Nos d'ordre			Série
1635	SHAKESPEARE	Othello.	2
2426	SIBILLE.	Bonne chance.	2
1090	SIEBEKER.	Les Fédérés blancs	2
3357	SIENKIEWICZ	Quo Vadis.	2
3418	—	—	2
3447	—	Le Déluge. Messire Volodowski.	2
3482	—	Suivons-le	2
3501	—	Par le fer et par le feu.	2
1091	SILVESTRE.	Contes à la Comtesse	2
2604	—	Le Livre des Fantaisies	2
124	SIMON (J.)	L'Ouvrière	2
149	—	Le Devoir	2
150	—	La Religion naturelle.	2
151	—	La Liberté de conscience	2
152	—	La Liberté civile	2
153	—	La Liberté politique.	2
154	—	La Peine de mort.	2
401	—	Histoire d'un enfant du peuple	3
1622	SIMONNIN.	Merveilles du monde souterrain	2
412	SIMONOFF.	La Russie inconnue.	3
3758	SIVIEUDE.	Du Cœur aux lèvres	2
1450	SOLEILLET	Mes Voyages.	2
1495	SOMMET	Topographie de Vézelay.	2
13	SONNET.	Premiers éléments de Géométrie.	2
46	SONREL	Le Fond de la mer.	2
3935	SOREL	Peut-être.	2
408	SOSTA.	Jacques et Jean.	3
2555	SOUDAK	Voyage en Crimée.	2
1038	SOULIÉ.	La Lionne.	2
1039	—	Les Mémoires du diable, 3 vol.	2
1040bis	—	Diane et Louise.	2
1876	—	Le Lion amoureux	2
295	—	Les Deux cadavres	4
226	SOUVESTRE	Causeries historiques et littéraires, 3 vol.	2
261	—	Trois femmes.	2
1050	—	Les Derniers Paysans.	3
1051	—	Souvenirs d'un vieillard.	2
1052	—	Au bord du lac.	2
1053	—	Un philosophe sous les toits.	2
1054	—	Au coin du feu.	2
1055	—	Confession d'un ouvrier.	2
1056	—	Mémorial de famille	2
1057	—	Derniers Bretons, 2 vol.	2
1058	—	Les Drames parisiens.	2
1059	—	Le Foyer Breton, 2 vol.	2
1060	—	L'Homme et l'Argent.	2
1061	—	Le Monde tel qu'il sera.	2
1062	—	Le Mendiant de St-Roch.	2
1063	—	Pendant la moisson.	2
1064	—	Pierre et Jean.	2
1065	—	Récits et souvenirs.	2
1066	—	Les Réprouvés et les élus, 2 vol.	2

Nos d'ordre			Série
1067	Souvestre	Riche et pauvre	2
1068	—	Le Roi du monde 2 vol.	2
1069	—	Scènes de la Chouannerie	2
1070	—	Sous la tonnelle.	2
1071	—	Scènes et récits des Alpes	2
1072	—	Trois mois de vacances.	2
1073	—	Sous les ombrages	2
1074	—	Les Clairières.	2
1075	—	La Maison rouge	2
1076	—	La Goutte d'eau.	2
1419	—	Dans la Prairie.	2
1529	—	Chroniques de la mer	2
1586	—	Sous les filets.	2
4090	—	La Valise noire.	2
424	Souvigny.	L'Avenir de Suzette.	3
2264	Spielhugen.	L'Echéance.	2
550	Sptizmuller	Rose de Nice.	3
2507	Spuller	Lamennais.	2
2904	—	Conférences populaires.	2
190	Staël (de)	De l'Allemagne	2
989	—	Corinne, 2 vol.	2
1041	Stahl (Mme de)	Les 4 peurs de notre Général	2
1042	—	Histoire de mon Parrain.	2
1043	—	Les Bonnes fortunes parisiennes, 3 vol.	2
1045	—	Le 4 Filles du Docteur Marsch.	2
1047	—	La Famille Chester.	2
1048	—	Scènes de la vie des enfants	2
1049	—	Les Patins d'argent	2
2361	—	Les Enfants en Amérique	2
3027	—	Morale familière.	2
2292	Stanley	Journal du Major Berthelot	2
516	—	Comment j'ai retrouvé Livingstone.	3
248	Stany.	Seule	4
1878	Stapléaux	Le Château de la Rage	2
2187	—	Le Roman d'un Père.	2
2802	—	Le Roman d'un Fils.	2
1574	Stauben	Scènes de la vie juive en Alsace.	2
3902	Stephane.	Grand'Maman.	2
996	Stephens.	Opulence et Misère	2
1097	Stendhal.	Le Rouge et le Noir.	2
3645	—	La Chartreuse de Parme.	2
1742	Stenger	Amant légitime.	2
998	Stenio.	Pilleurs d'Epaves	2
2472	Stenne.	Perle.	2
264	Stern	Jeanne d'Arc.	2
238bis	—	La République aux Pays-Bas.	3
109	—	Histoire de la Révolution de 1848, 3 vol.	4
155	Sterne (Laurence)	Voyage sentimental, 2 vol.	1
1086	Stevenson	L'Ile aux trésors	2
4038	—	Catriona	2
2018	Stinde.	La Famile Bucholz	2
2005	Stinger	Une Fille de Paris	2

Nos d'ordre			Série
1093	STOLZ (Mme DE)	La Maison roulante.	2
2257	—	Les Frères de lait	2
2313	—	Le Petit Jacques	2
2427	—	La Famille Coquelicot.	2
2806	—	Quatorze jours de bonheur	2
2966	—	Deux Tantes	2
3072	—	Les Aventures de Mlle Thérèse.	2
2164	STRANGE	Ce Lutin. Petite folle	2
241	SUARD	Lettres de Mme de Sévigné	2
196	SUCHET.	Mémoires du Général Suchet, 2 vol.	2
970	SUE (Eug.)	Les 7 Péchés capitaux : L'Orgueil, 2 vol.	2
977	—	Le Juif errant, 4 vol.	2
978	—	Les Mystères de Paris, 4 vol.	2
981	—	Clémence Hervé.	2
982	—	La Vigie Koat-ven.	2
986	—	Le Fils de famille, 2 vol.	2
2065	—	Latréaumont	2
2736	—	Les Secrets de l'oreiller, 3 vol.	2
3641	—	Mathilde, 4 vol.	2
4318	—	La Bonne Aventure, 2 vol.	2
321	—	Mathilde, 5 vol.	3
34	—	Jeanne d'Arc.	4
73	—	Les 7 Péchés capitaux : l'Envie	4
74	—	Le Juif errant.	4
75	—	Mathilde.	4
76	—	Arthur	4
77	—	Jean Bart et Louis XIV, 3 vol.	4
151	—	Les Mystères de Paris, 4 vol.	4
277	—	— — —	4
157	—	Les Mystères du Peuple, 8 vol.	4
296	—	OEuvres choisies, 3 vol.	4
3617	SUEUR	Crise de Jeunesse.	2
2583	SUMMER	La Pensionnaire d'Ecouen.	2
3974	SURCOUF	L'Eternelle Méprise	2
2358	SURVILLE.	La Fête de Saint-Maurice	2
3156	—	Le Roman d'une créole	2
93	SWIFT	Voyages de Gulliver	1
3684	SYLVESTRE	Les Farces de mon ami Jacques	2
3728	—	Contes de derrière les fagots	2
329	—	Roses de Mai	3
997	SYLVIN.	Madame Mère	2

T

118	TACITE.	Mœurs des Germains, 2 vol	1
171	—	OEuvres.	4
1266	TAINE	Voyage aux Pyrénées.	2
1588	—	Le Séjour en France de 1792 à 1795	2
219 bis	TALANDIER	Self-Help.	2
1498	TALLON.	Vie morale et intellectuelle des ouvriers.	2

Nos d'ordre			Série
1932	TALMEYR	Le Grisou.	2
3911	TAPIN	Mésaventures de Bistrouille.	2
1664	TANNEGUY.	Vie à bon marché.	2
2757	TARAIN.	Une Attaque d'apoplexie	2
1126	TARBÉ	Barbe grise.	2
2474	—	Monsieur de Morat	2
1121	TA DIEU	Contes et légendes de Saint-Germain, 2 vol.	2
289	TARTIÈRE.	Le Secret des deux.	4
66bis	TASSONI	Le Sceau enlevé.	1
1467	TAXIL (Léo)	Le bon sens du curé Meslier.	2
122	TEMPLAR	Economie sociale	2
432	TEMPLE (DU).	Les sciences usuelles.	3
508	TENAC	Histoire de la Marine, 2 vol	3
1327	TENOT	Coup d'Etat, 3 vol.	2
4049	TÉRAMONT.	L'Adoration perpétuelle.	2
1114	TERSON.	Les Derniers Numides.	2
1587	—	Supprimer le Prêtre.	2
40	—	Les cinq Codes	1
267	TEULET.	Les Œuvres d'Eginhard.	2
1120	TEXIER.	La Fin d'une race.	2
2812	—	Chronique de la guerre d'Italie	2
1116	THACKERAY.	Henry Esmond, 2 vol.	2
1117	—	Le Livre des Snobs.	2
1118	—	La Foire aux vanités, 2 vol	2
1119	—	Histoire des Pendennis, 3 vol	2
4528	THARAUD (J. et J.).	Marakech.	2
4543	—	Quand Israël est roi.	2
4571	—	Le Chemin de Damas	2
4578	—	La Randonnée de Samba-Diouf.	2
1128	THÉO CRITT.	Le Sénateur Ignace.	2
220	THÉRY.	Conseils aux mères, 2 vol	2
1132	THEURIET.	Le Fils Maugars	2
1134	—	Le Mariage de Gérard.	2
1138	—	Eusèbe Lombart	2
1140	—	Le Secret de Gertrude. Mme Véronique, 2 vol.	2
1142	—	Tante Aurélie	2
1143	—	Hélène.	2
1144	—	L'Affaire Froideville.	2
1828	—	Gertrude et Véronique.	2
2013	—	Deux sœurs	2
2153	—	Oncle Scipion	2
2384	—	Péché mortel.	2
2432	—	Jeunes et vieilles barbes.	2
2448	—	Bigarreau	2
2572	—	La Chanoinesse.	2
2608	—	Surprises d'amour	2
2681	—	Sauvageonne.	2
3209	—	Le Refuge	2
3246	—	Villa Tranquille	2
3410	—	Jours d'Eté	2

Nos d'ordre			Série
3703	THEURIET.	Charme dangereux	2
3717	—	Estève	2
3938	—	Mon oncle Flo	2
4421	—	Fleur de Nice	2
198	THIERRY (Amédée)	Histoire des Gaulois, 3 vol.	3
1324	THIERRY (Aug.)	Histoire du Tiers-Etat, 2 vol.	2
3788	—	—	2
1326	—	Récits des temps Mérovingiens, 2 vol.	2
1335	—	Lettres sur l'Histoire de France	2
2139	—	Le Capitaine Sans-Façon	2
2162	—	La Savelli	2
197	—	Lettres sur l'Histoire de France	3
2755	THIÉRY (V.)	Après la défaite	2
1122	—	Les Gens de notre âge	2
3113	THIÉRY (Jean)	Monsieur le Neveu	2
3424	—	Château de cartes	2
3534	—	L'Idée de Suzy	2
4433	—	A l'Echelle	2
504	—	L'Engrenage	3
4632	THIÉRY (Marie)	Madame Victoire	2
1328	THIERS.	Histoire de Law	2
110	—	Histoire de la Révolution française, 2 vol.	4
111	—	Histoire du Consulat	4
112	—	Histoire de l'Empire, 4 vol.	4
2458	THILDA.	Péché capiteux	2
249bis	THIRIAT	Journal d'un solitaire	2
2640	THOMAS.	Un coquin d'oncle	2
265bis	THOMASSY.	Pensées sur la Religion	3
465	—	—	3
1887	THROUN-TOGETER.	Nina et Mervin	2
1675	THYS.	Bonnes bêtes	2
1967	TIBYL	Le Ménage Hubert	2
3686	TIERSOT	Rouget de l'Isle	2
3338	TILLIER.	Mon oncle Benjamin	2
4445	—	Belle-Plante et Cornélius	2
1697	TILLIÈRE	Le Talisman des Lynwood	2
3915	TINAYRE (M.)	Avant l'amour	2
4124	—	La Maison du péché	2
4253	—	Hellé	2
4378	—	La Douceur de vivre	2
4422	—	L'Ombre de l'amour	2
4463	—	La Veillée des armes	2
4467	—	La Rebelle	2
4648	—	Un Drame de famille	2
4675	—	Figures dans la nuit	2
2054	TINSEAU (DE)	Sur le seuil	2
2446	—	Dernière campagne	2
2447	—	Mon Oncle Alcide	2
2861	—	Bien fol qui s'y fie	2
2876	—	Vers l'Idéal	2
3124	—	Ma Cousine Pot-au-feu	2

N°s d'ordre			Série
3228	TINSEAU (DE)	Les Péchés des autres	2
3866	—	Le Secrétaire de Mme la Duchesse	2
4152	—	Le Port d'attache	2
4173	—	La Clé de la vie	2
4197	—	Les Etourderies de la Chanoinesse	2
4423	—	Le Duc Rollon	2
4501	—	Le Secret de lady Marie, 2 vol.	2
33	TISSANDIER	L'Eau	2
34	—	La Houille	2
5	—	Les Martyrs de la science	4
246	TISSERAND	Léopold Javal	3
1108	TISSOT	Voyage au Pays des milliards	2
1109	—	Voyage aux Pays annexés	2
1110	—	La Comtesse de Montretout	2
1111	—	Les Mystères de Berlin	2
1112	—	La Police secrète	2
1113	—	Les Prussiens en Allemagne	2
1371	—	A la recherche du bonheur	2
1428	—	L'Allemagne amoureuse	2
1655	—	Voyage au pays des Tziganes	2
261	—	Aventures de corps de garde	3
349	—	Aventures de Trois fugitifs	3
368	TITT (Tom)	La Science amusante	3
59	TOCQUEVILLE	La Démocratie en Amérique	3
1987	TOLSTOÏ	Le Roman du mariage	2
2591	—	L'Ecole de Yasnaïa Poliana	2
2932	—	Maître et serviteur	2
3088	—	Yvan l'Imbécile	2
3138	—	La Guerre et la Paix, 3 vol.	2
3378	—	Imitations	2
4379	—	Résurrection	2
1105	TÖPFFER	Rosa et Gertrude	2
1106	—	Nouvelles génevoises	2
1107	—	Réflexions et menus propos	2
3550	—	Le Presbytère	2
1329	TOPIN	L'Homme au masque de fer	2
1124	TOUDOUZE	Le Ménage Bolsec	2
1125	—	Fleur d'oranger	2
1815	—	Séductrice	2
1816	—	Le Vice	2
1817	—	La Baronne	2
1821	—	Le Train jaune	2
3037	—	Tête noire	2
3287	—	La Bête à bon Dieu	2
3391	—	Le Bateau des sorcières	2
3572	—	Mme Lambelle	2
434	—	Enfant perdu	3
3124bis	TOUR DU PIN (DE LA)	Reine	2
4087	TOURGUÉNEF	Mémoires d'un seigneur russe, 2 vol.	2
389	TOURTELLE	Traité d'hygiène	3
14	TOUSSENEL	L'Esprit des bêtes	4
2179	TOWN	Traité d'astronomie pratique	2

Nos d'ordre			Série
2196	Vallat.	Alexandre Boucher.	2
2805	Vallée (de).	Manieurs d'argent	2
3161	Valleneuse (de).	Jamais plus	2
364	Vallery-Radot.	Madame de Sévigné.	3
1197	—	Journal d'un volontaire.	2
1203	Vallès.	L'Enfant	2
1204	—	Le Bachelier.	2
1205	—	L'Insurgé	2
2322	—	Les Réfractaires.	2
2245	Vallon (du)	Mariée à quinze ans	2
1768	Valois.	La Roche qui pleure.	2
36	Valroux.	Associations ouvrières	3
1913	Valtine	Sans foyer.	2
4637	Vander	La Fille de Cartouche.	2
3082	Vareppe.	La Chance de Jeanne.	2
3310	—	Coup de tête.	2
3524	Vasson et Thomas.	La jeune Régente.	2
1209	Vast-Ricouard	Vierge.	2
1210	—	Vieille garde	2
1212	—	Chef de gare.	2
1757	—	La Sirène	2
2159	—	Madame Savernon	2
13	Vauban	La Dîme royale.	1
1267	Vaubéry.	Voyage d'un Derviche.	2
446	Vauchez.	La Terre, 2 vol.	3
283	Vaudencourt (de).	Histoire des campagnes 1814-1815, 5 vol.	3
2247	Vaudère (J. de la).	Mortelle étreinte	2
4053	—	Invincible amour.	2
200	Vaulabelle.	Histoire des Deux Restaurations, 8 vol.	3
4085	Vaulx (de).	L'Accalmie	2
283	Vaussenat.	Travail et Travailleurs.	3
4574	Vautel (Clément).	Mon Curé chez les riches.	2
4619	— —	Madame ne veut pas d'enfant.	2
4642	— —	Mon Curé chez les pauvres	2
4663	— —	Je suis un affreux bourgeois.	2
1223	Vautier.	La Revanche du mari.	2
1819	—	Le Pays du merle blanc.	2
21	Vauvenargues	Œuvres choisies.	1
3374	Vaxelaire	Mémoires d'un vétéran	2
492	Véber.	L'Aventure	3
503	—	—	3
7	Vergnaud	Encyclopédie	2
2795	Verley	Dernier rayon	2
2940	—	Les Chambres de Fernande.	2
3100	—	Tous jeunes.	2
309bis	—	Le Père la Besace.	3
288	Verly	Jannick l'orphelin.	4
149	Vermorel	Mémoires de Mirabeau, 2 vol.	1
1166	Verne (Jules)	Une Ville flottante.	2
1167	—	Aventures de trois Russes.	2
1168	—	Les Enfants du Capitaine Grant, 3 vol.	2
1169	—	Vingt mille lieues sous les mers, 2 vol.	2

Nos d'ordre				Série
1170	VERNE (Jules)		Tour du Monde en 80 jours.	2
1171	—		Le Docteur Ox	2
1172	—		Le Pays des fourrures, 2 vol.	2
1173	—		Le Chancellor	2
1174	—		Michel Strogoff, 2 vol.	2
1176	—		Les Indes noires	2
1177	—		L'Ile mystérieuse, 3 vol.	2
1178	—		Un Capitaine de quinze ans, 2 vol.	2
1179	—		Hector Servadac, 2 vol.	2
1180	—		La Maison à vapeur, 2 vol.	1
1181	—		Histoire des grands voyages, 6 vol.	2
1182	—		Un Hivernage dans les glaces	2
1185	—		La Jangada, 2 vol.	2
1188	—		L'Etoile du Sud.	2
1189	—		Archipel en feu.	2
1191	—		Les Tribulations d'un Chinois en Chine.	2
1193	—		Un Billet de loterie.	2
1368	—		Kéraban-le-Têtu.	2
1369	—		Les Anglais au Pôle Nord.	2
1735	—		Nord contre Sud, 2 vol.	2
1891	—		Deux ans de vacances, 2 vol.	2
1986	—		L'Epave du « Cynthia ».	2
2236	—		César Cascabel, 2 vol.	2
2265	—		Sens dessus dessous	2
2362	—		Le Chemin de France	2
2443	—		Le Château des Karpathes	2
2496	—		Claudius Bombarnac	2
2708	—		Maître Antifer, 2 vol.	2
2848	—		L'Ile à hélices, 2 vol.	2
2863	—		Famille sans nom, 2 vol.	2
2986	—		Face au drapeau	2
3102	—		Clovis Dardentor	2
3140	—		Le Sphinx des Glaces, 2 vol.	2
3226	—		La Superbe Orénoque, 2 vol.	2
3307	—		Le Testament d'un excentrique, 2 vol.	2
3352	—		Seconde patrie, 2 vol.	2
3503	—		Le Village aérien.	2
3587	—		Les Frères Kipp, 2 vol.	2
3588	—		Les Histoires de J.-M. Cabidoulin.	2
3736	—		Bourses de voyage, 2 vol.	2
3843	—		Le Maître du Monde.	2
3861	—		Autour de la Lune.	2
3867	—		Un Drame en Livonie.	2
3918	—		Le Phare du bout du monde.	2
4073	—		Le Volcan d'or, 2 vol.	2
4149	—		L'Agence Thompson, 2 vol.	2
4155	—		La Chasse aux Météores.	2
4248	—		Mathias Sandorf, 3 vol.	2
4372	—		Le Secret de Wilhem Storitz.	2
4446	—		De la Terre à la Lune, 2 vol.	2
4493	—		Les Cinq cents millions de la Bégum.	2
303bis	—		Le Rayon vert	3

N^{os} d'ordre				Série

<table>
<tr><td>N^{os}
d'ordre</td><td></td><td></td><td>Série</td></tr>
</table>

W

Nos d'ordre			Série
1220	Willia	Petit marquis X.	2
4633	Williamson (C.-M.).	Le mariage de Lord Loveland.	2
3535	Willy	Claudine à l'école, 4 vol.	2
4070	—	Jeu de princes.	2
4561	—	La maison de Claudine	2
3210	Winter	Mlle Mignon	2
3252	—	Ce qui divise.	2
1207	Witt (Mme de). . .	Un Héritage	2
1208	— . . .	Sur la pente.	2
1903	— . . .	Tout simplement.	2
2089	— . . .	Petite fille aux grand'mères.	2
2675	— . . .	Sur quatre roues	2
2686	— . . .	Les chiens de l'amiral.	2
400bis	— . . .	Lutin et démon.	3
299	—	Odette la suivante	4
3428	Wodzinski	Rénovation.	2
1213	Wood (Henri) . . .	Les filles de Lord Oakburn, 2 vol. . .	2
1214	— . . .	L'Héritier du court Netherlez, 2 vol. . .	2
1215	— . . .	Maître de Greylands, 2 vol.	2
1216	— . . .	Edina, 2 vol	2
1549	Wyss (Paul)	Le pilote Villis. Le Robinson suisse, 2 vol.	2
236	—	Le Robinson suisse.	3
43	Woillez	Silvio Pellico.	3

X

Nos d'ordre			Série
9	X.	Ordonnance du Roi	1
41	—	Petites leçons de droit.	1
100	—	Procès des ex-ministres, 3 vol.	1
151	—	Histoire de la vertu, 4 vol.	1
325	—	Almanach des Dames.	1
99ter	—	Une jambe de moins.	2
105	—	Galerie des arts.	2
301	—	La religieuse, 2 vol.	2
302	—	Le Maudit, 3 vol.	2
326	—	Amours d'Hermann et de Dorothée . . .	2
778	—	Colette.	2
941	—	Rose André.	2
1040	—	Histoire d'un âne et de deux jeunes filles.	2
1128	—	L'Impératrice Wanda	2
1129	—	Harlette	2
1224	—	L'Héritier de Reidclyff, 2 vol.	2
1225	—	Le Petit duc	2
1352	—	Amour de prêtre.	2
1397	—	Le couvent.	2
1492	—	Emilie ou les Vœux forcés, 2 vol. . . .	2
1545	—	Introduction à l'étude de la Géographie.	2
1607	—	Des soins aux malades	2
1684	—	Amour ou Patrie	2

Y

Sté Gle d'Imp. et d'Éd., 1, rue de la Bertauche, Sens. — 2-28.